Notícias no espelho

José Arthur Giannotti

Notícias no espelho

INTRODUÇÃO Luciano Codato

PubliFolha

Copyright © 2011 Publifolha – Divisão de Publicações da Empresa Folha da Manhã S.A.

Todos os direitos reservados. Nenhuma parte desta obra pode ser reproduzida, arquivada ou transmitida de nenhuma forma ou por nenhum meio sem a permissão expressa e por escrito da Publifolha – Divisão de Publicações da Empresa Folha da Manhã S.A.

EDITOR Alcino Leite Neto

EDITORA-ASSISTENTE Thais Rimkus

COORDENAÇÃO DE PRODUÇÃO GRÁFICA Mariana Metidieri

PRODUÇÃO GRÁFICA Rodrigo Andrade

CAPA Eliane Stephan

PROJETO GRÁFICO DO MIOLO Mayumi Okuyama

REVISÃO Luciana Lima e Luís Curro

ÍNDICE REMISSIVO Cacá Mattos

FOTO DA CAPA Dex Image/Corbis/Latinstock

Dados Internacionais de Catalogação na Publicação (CIP)
(Câmara Brasileira do Livro, SP, Brasil)

Giannotti, José Arthur
  Notícias no espelho / José Arthur Giannotti ;
Introdução Luciano Codato. – São Paulo : Publifolha, 2011.

  ISBN 978-85-7914-318-2

  1. Ensaios brasileiros I. Codato, Luciano.
  II. Título

11-07884	CDD-869.94

Índice para catálogo sistemático:
1. Ensaios : Literatura brasileira   869.94

Este livro segue as regras do Acordo Ortográfico da Língua Portuguesa (1990), em vigor desde 1º de janeiro de 2009.

PUBLIFOLHA
Divisão de Publicações do Grupo Folha
Al. Barão de Limeira, 401, 6º andar
CEP 01202-900, São Paulo, SP
Tel.: (11) 3224-2186/2187/2197
www.publifolha.com.br

Sumário

8   **À guisa de introdução**
Toda intersubjetividade é precária *Luciano Codato*

17   **Em busca do sentido da arte**
Sobre a imagem 19
E os quadrados sumiram 45
Enigmas decifrados 49
Imagens pensantes 55
O construtor de inversões 59
O malandro Satã 64
O falso Vermeer 70
O imbróglio do sentido 74
Pintura e crise 82

89   **Conjunturas**
A questão do socialismo 91
A lógica ensandecida do terror 100

A ocultação do real 106
Elogio à técnica 113
Feiticeiros do saber 118
Fim de história 125
Religião como investimento 131

135 **Questões morais**
Critérios disparatados 137
Decisão vital 142
Dos males e do mal 146
Liberdade vigiada 150
Moralidade miúda 154
Negociando com a norma 159
Os amigos perdidos da velhice 169

175 **Modos de filosofar**
Bento Prado Jr. e o mundo da vida 177
A instituição no passivo 181
A primeira morte de Wittgenstein 187
Adorno sem ornamentos 194
Além de Marx 201

Fetiche da razão **219**
O novo império **229**

239 **Em volta da política**
Sobre o juízo político **241**
A negação da política **250**
O jogo da representação **256**
Política miúda **262**
Por vias tortas **266**

273 **Índice remissivo**

À guisa de introdução

Toda intersubjetividade é precária
Luciano Codato

Notícias no espelho reúne parte dos mais de oitenta ensaios publicados pelo professor José Arthur Giannotti na *Folha de S.Paulo* entre 2000 e 2010. Está organizado de acordo com seus temas principais: arte, questões de conjuntura, moral, filosofia e política. A seleção inicial, sua divisão temática e pequenas modificações foram confiadas a colaboradores. O presente formato se deve à reelaboração do autor, responsável pela seleção definitiva dos textos.

Destinado a um leitor não inteiramente versado na tradição filosófica, o livro procura explorar certas ambiguidades inerentes aos nossos comportamentos cotidianos. Pode ser lido como depoimento de um filósofo que sempre repensou a ideia de uma ilusão necessária inscrita nas regras sociais, intrigado com os inevitáveis desajustes de nossas ações. Ideia de ilusão de matriz kantiana, investigada por Giannotti na obra de Marx e também a partir de Wittgenstein, à espreita do sentido de nossas formas contemporâneas de sociabilidade. Leia-se, a propósito, "Além de Marx", na seção intitulada "Modos de filosofar", ou "Os amigos perdidos da velhice", notável ensaio, na parte sobre as "zonas cinzentas" da moralidade.

Também os textos da seção que abre o livro, "Em busca do sentido da arte", apontam para uma lógica de significações imprecisas, de pensamentos *in fieri*, conivente com as ambiguidades do fenômeno estético. Esses artigos tratam das artes plásticas, sobretudo da pintura, tanto figurativa como abstrata. Neles também se encontram análises sobre o *ready made*, a *pop art*, os trabalhos conceituais e as instalações. Outros temas são as grandes exposições e bienais, o papel atual de curadores e *marchands*, a questão dos falsários que produzem obras verdadeiras, a educação do olhar. Esses mesmos artigos servem de introdução ao livro publicado por Giannotti em 2005, *O jogo do belo e do feio*[1], cujo argumento pode ter escapado a críticos, estetas e artistas, alheios a questões de filosofia da lógica. Argumento que, por isso mesmo, parece conveniente ser reconstruído, embora nas suas linhas mais gerais.

Como esclarece o ensaio inédito "Sobre a imagem", os textos estéticos deste volume não mobilizam as categorias tradicionais da fenomenologia. Não recorrem ao par de conceitos forma/conteúdo nem à noção de mimese ou imitação. Tampouco se rendem ao sociologismo daquelas teorias que, críticas ou não, explicam o fato artístico por seus condicionamentos históricos, a exemplo daqueles marxismos que reduzem a superestrutura à infraestrutura, o ideal ao real. Não que o autor ignore a mercantilização da cultura e sua alienação. Apenas dispõe de uma concepção das relações entre fatos e normas que permite, por exemplo, dispensar o conceito de

---

[1] Giannotti, José Arthur. *O jogo do belo e do feio*. São Paulo: Companhia das Letras, 2005.

indústria cultural. "Adorno sem ornamentos" e "Fetiche da razão" são ensaios que abordam essas questões.

Giannotti desconfia da prioridade atribuída ao referencial da imagem ante a própria imagem e, por isso, faz questão de recusar a identificação entre beleza e verdade, juízo estético e juízo científico, conhecimento e arte, compartilhada pelas estéticas fenomenológicas e pelos marxismos. Sua estratégia é desonerar o discurso do peso da denotação, impedindo que se faça da linguagem mera representação das coisas. Trata-se de compreender o fenômeno estético como imagem que, ao criar suas referências, vai além de si própria. Em outras palavras, imagem que, ao inverso da mimese, inventa o espaço de sua transcendência.

No argumento de Giannotti, uma obra de arte é, além de coisa e valor material, fato que possui caráter normativo. Por sua vez, o juízo sobre o valor ou não valor artístico de uma obra supõe sua caracterização como logos estético, processo de racionalização se apresentando nas inter-relações inscritas em sua materialidade. Ao construir significações um tanto imprecisas, isto é, ao produzir seu referencial, a obra indica os parâmetros em que pode ser vista, trama um discurso fluido que sinaliza regras ao juízo do espectador e do crítico. Assim não apenas afirma sua inteligibilidade, como também reafirma os valores que qualificam os fenômenos do mundo das artes.

Se é pertinente falar em "jogo do belo e do feio", é porque os sentidos de uma obra podem ser interpretados correta ou incorretamente, mediante a bivalência exigida pela distinção dos trabalhos artísticos entre si e por oposição ao que não é obra de arte.

Bivalência análoga, em termos lógicos ou éticos, àquela dos valores bom e mau, verdadeiro e falso. De acordo com este livro, gosto se discute, o juízo estético não é pura e simplesmente subjetivo e, sem que se admita qualquer espécie de platonismo, pode-se buscar a caracterização das obras de arte por seus critérios mais gerais.

Que se previna o leitor contra dois equívocos. Primeiramente, o termo "belo" não atende a nenhum compromisso com critérios que possam definir as obras-primas ou as belas-artes. O valor estético "belo" tem estatuto lógico e poderia ser substituído por adjetivos como "interessante", "ótimo", "grande" ou por um palavrão ("esta é uma p... obra!"). Em segundo lugar, a palavra "jogo" não diz respeito a qualquer atividade lúdica ou produção desinteressada. Antes, remete à noção de jogo de linguagem, elaborada por Wittgenstein (1889-1951) nas *Investigações filosóficas*, cujas referências remontam ao diálogo de Platão (cerca de 427-347 a.C.) sobre o *Sofista* e ao tratado *Da interpretação*, de Aristóteles (cerca de 384-322 a.C.). Textos tão estranhos à maioria dos estetas quanto à obra filosófica de matemáticos, como Frege (1848-1925), outra fonte indispensável nessa tradição.

No que diz respeito à filosofia da lógica, um jogo de linguagem não comprometido com referências dadas também se desvincula do paradigma da predicação, em que algo é afirmado ou negado de algo. Isso sem perder a bivalência mínima de que depende a qualificação estética e sem limitar-se a enunciados verbais. Ao conferir ao juízo um caráter mais amplo que o presente nos cálculos formais contemporâneos, a noção de jogo torna permeável ao logos não só uma linguagem não formalizada, mas a prática espontânea que circunscreve o uso da linguagem ordinária. O resultado é poder assimilar o fenômeno estético à lógica inscrita nele mesmo, é reconhecer na obra de arte um processo de identificação como jogo de linguagem não verbal, suscetível a contextos de indefinição. Em termos kantianos, o resultado dessa operação conceitual é descobrir na imagem um juízo reflexionante, aquela espécie de pensamento que determina regras intersubjetivas no próprio ato de julgar, em vez de seguir regras prévias, determinadas antes de serem aplicadas a seus casos.

De acordo com o sentido lógico-gramatical do verbo "ver", examinado por Wittgenstein nos seus últimos escritos e reexaminado por Giannotti no livro *Apresentação do mundo*[2], o juízo estético lida com as diferenças entre "ver algo" e "ver algo como algo". O modelo do pensamento contido na obra de arte são as imagens ambíguas, tais como aquela figura em cujas linhas podemos ver ora um pato, ora uma lebre. Outro caso exemplar é o da figura de um degrau que nos pode aparecer ora côncavo, ora convexo. Não que imagens desse tipo tenham valor estético, obviamente. O que nelas é decisivo, a ponto de torná-las paradigmas da reflexão inscrita no trabalho artístico, são três fatores.

Primeiro, nelas vemos algo: a materialidade das linhas. Mas também podemos ver, em segundo lugar, um referente, certos traços compondo-se ora como imagem de um pato, ora como imagem de uma lebre. Nesses dois casos, vemos "algo como algo", retas ora

---

2 Giannotti, José Arthur. *Apresentação do mundo*. São Paulo: Companhia das Letras, 1995.

conformando um degrau côncavo, ora um degrau convexo. Por fim, podemos ver, em terceiro lugar, a própria mudança dos aspectos determinando as relações dos traços como regras que, compostas ora assim, ora assado, nos fazem ver ora isso, ora aquilo. É por esse terceiro fator que a significação da figura ambígua não é propriamente a lebre nem o pato; não é o degrau côncavo nem o convexo. Em termos análogos, a significação da imagem artística é a própria mudança dos aspectos em que se produz sua transcendência. É o ato da exibição do referente que, em última instância, vem a ser objeto do pensamento estético. A obra nos faz ver a reflexão que a torna produto artístico.

Se uma obra de arte é sempre imagem de si mesma e de algum tipo de transcendência, nem sempre é possível manter o ideal de separar, em limites rígidos, o *que* ela representa e a maneira *como* ela o apresenta. Diante da imagem ambígua pato/lebre, alguém poderia dizer que vê representado um pato, que a imagem apresenta esse referente de tal e tal modo – e não estaria de todo errado. Outrem, diante da mesma figura, poderia dizer que vê representada uma lebre, segundo tais e tais aspectos – e tampouco estaria de todo errado. Um terceiro, ainda, poderia, diante da mesmíssima figura, dizer que vê apenas algumas linhas – o que também é o caso. Por fim, alguém poderia dizer que vê ora uma coisa, ora outra, conforme variam os aspectos discernidos na imagem, de modo que vê o processo mesmo de identificação do referente pato/lebre. Assim como a maneira pela qual se produz a transcendência de uma obra é seu referente por excelência, a experiência *sui generis* da normatividade das figuras ambíguas expõe a indefinição inevitável que ronda o juízo estético. Não é preciso ser relativista, mas tampouco se justifica qualquer nostalgia de regras absolutas, estritas e predefinidas. A obra de arte é um juízo e também os juízos que sobre ela são enunciados.

A leitura das demais seções deste livro comprova que a estética fornece apenas o exemplo mais flagrante das ambiguidades que Giannotti procura explorar a partir de certa concepção sobre o caráter normativo dos fatos. Se o problema da alienação se repõe todos os dias, se vivemos em uma "situação de crise congelada", não há como ignorar o desafio de pensá-lo igualmente no plano da política e no plano da moral. Também as regras sociais comportam indefinições, seus casos não se conformam a elas com perfeição. Na medida em que nossas ações não são completamente determinadas, há sempre um espaço, maior ou menor, a ser preenchido por juízos reflexionantes, comportamentos imprevistos que, por serem instauradores, podem ser construtivos ou destrutivos em seus efeitos.

Essa tese de Giannotti se verifica em artigos que abordam a falta de um modelo coletivo de virtude ("Moralidade miúda") ou que comentam a votação do Supremo Tribunal Federal sobre as pesquisas com células-tronco ("Decisão vital"). Mas engana-se quem pensar que a distinção das esferas normativas da moralidade pública e da moralidade privada se faz apenas em termos empíricos. A própria conformação do juízo prático assegura, em termos lógicos, diferentes padrões intersubjetivos do seguimento de regras. É assim que se caracterizam os espaços da intimidade, da amizade e, por fim, da sociabilidade regulada por instituições públicas, todos modulados por uma espécie de conjunção do real com o ideal.

Que o leitor não se deixe intimidar pelos caminhos abertos por este livro. Aqui se observa o pensamento habituado à tradição filosófica em confronto com as desventuras da vida cotidiana. O filósofo poderá dizer que se trata de atividade jornalística, mas seria falsa modéstia, pois importam menos as notícias e mais o espelho refletindo a própria época, a consciência do tempo presente, dos homens presentes, da vida presente. Difícil é que a matéria de Giannotti sempre foi a racionalidade irracional de nossas ações. Apesar dessas dificuldades, à medida que diminuem as distorções do debate ideológico no país, o ambiente intelectual se torna mais propício à compreensão do pensamento do autor.

Luciano Codato é professor de filosofia na Universidade Federal de São Paulo (Unifesp) e pesquisador do CNPq.

Em busca do sentido da arte

Sobre a imagem

1

Hoje em dia, um jovem que comece a lidar com imagens seguirá um percurso muito diferente de meus colegas de geração. Isso ocorre não apenas porque passamos a viver num mundo poluído por elas. Para avaliar o volume dessa poluição, basta considerar os efeitos que a Lei Cidade Limpa provocou em São Paulo, revelando vistas e perspectivas que não imaginávamos que ali estivessem. Entre a minha geração e a atual, o que mais me chama a atenção é a diferença no *uso* das imagens, que agora tendem a ser manejadas como se fossem as próprias coisas. Não é o que acontece com os modernos telefones celulares, que estão se tornando um relicário no qual as imagens se confundem com o prolongamento dos dedos?

A estetização da política contemporânea é tão grande que precisaríamos de um novo Walter Benjamin para avaliar o tamanho dessa avalanche. Porquanto não é só o Estado que se torna visível através de grandes monumentos; também as Olimpíadas, as Copas do Mundo e outras tantas competições desencadeiam uma disputa entre espetáculos que mostra qual é o programador mais poderoso. Como sabemos desde o livro de Guy Debord[1], vivemos numa sociedade do espetáculo. Não vamos aqui examinar essa

---

1 Debord, Guy. *A sociedade do espetáculo*. Rio de Janeiro: Contraponto Editora, 1997.

explosão da imagem com fins políticos em todos os seus sentidos. Tentaremos apenas delinear o fluido-limite em que elas se tornam belas ou feias. E para isso necessitamos nos ater a exemplos menos espalhafatosos.

O cinema é o caso mais sério dessa enorme ambiguidade. Sua grande produção é medíocre, mas é capaz de produzir grandes obras de arte que, a exemplo dos filmes *noirs*, atinge o grande público. É bem verdade que o cinema pode se contrapor ao uso instrumental das imagens desenvolvido pela propaganda; o bom filme, quando é mais do que divertimento, requer que nos debrucemos sobre elas, exploremos seus meandros, nos demoremos nelas. Na pintura, esse repouso sempre foi desafio, porque nos obriga a ver no quadro, de imediato, a mesma imagem em transformação. Antes de tudo porque um retrato do duque de Olivares pintado por Velásquez, por exemplo, além de ser um objeto que traz informações sobre este grande personagem, vale, ao ser tomado como obra de arte, como grande montagem de materiais e imagens a conferir-lhe um sentido próprio. Outro retrato, de péssima qualidade pictórica, pode fornecer informações históricas muito mais precisas, mas desde logo está excluído do domínio das artes.

Noutras palavras, a imagem que se apresenta como obra de arte se articula num jogo entre o *que* ela representa e o *como* isto é feito. Qual é, porém, esse jogo? Espero deixar claro no decorrer deste texto que um quadro é sempre uma figura ambígua, articulando um jogo de aspectos à procura de suas referências. Além do mais, já que esse jogo se apreende, exige condições para que esse aprendizado possa se cumprir.

Comecemos pelo segundo aspecto. Em que condições um jovem de hoje aprende a ver pintura? Não há dúvida de que os museus e as exposições estão cheios, quase sempre o visitante é levado por um fluxo de pessoas que impede a observação demorada da obra. E o simples fato de que hoje os artistas chamem uma obra de "trabalho" não indica que, mais do que a coisa feita, impera o esforço de fazê-la? Já que muitas obras mesclam pontos de vista diferentes – enquanto quadro, enquanto escultura, enquanto sistema de signos –, é melhor simplesmente designá-las dá ótica de sua produção.

Os grandes museus foram tomados por multidões e neles o visitante simplesmente é transportado. Para evitar perda de tempo tudo precisa ser programado de antemão, mas a visita tende, assim, a se reduzir ao cumprimento de uma agenda. É difícil demorar-se diante de um "trabalho", pois o fluxo de turistas impede seu exame, bloqueando a visão do todo e impondo o ritmo do andar apressado, para não falar dos comentários estereotipados dos guias.

Não era assim nos meus tempos. No meio do século passado, quando ainda éramos muito jovens, nossa escola era a Biblioteca Municipal de São Paulo, hoje Biblioteca Mário de Andrade. Aprendíamos por reproduções insuficientes. Só aos poucos as coleções públicas foram se formando. Lembro-me do espanto ao ver os impressionistas dependurados nas paredes do Masp (Museu de Arte de São Paulo), recém-inaugurado. A pincelada de Cézanne particularmente era muito mais simples do que sugeriam as reproduções, e as tonalidades de Sisley só poderiam ser vistas na modulagem do próprio quadro.

Uma viagem à Europa era o passo decisivo para nossa formação. Ao receber minha primeira bolsa, em 1956, foi possível transformar a passagem de avião concedida pela Capes (Coordenação de Aperfeiçoamento de Pessoal de Nível Superior) numa viagem por navio e em um mês de turismo na Itália, em hotéis de três estrelas. E assim, com um colega, me chafurdei nos museus, nas igrejas, nos monumentos. Em tudo encontrava um ar solene, uma pátina que esmaecia qualquer brilho. Os mosaicos bizantinos de Ravena reforçavam o preconceito de que a Idade Média era de trevas. Ao chegar a Paris, encontro uma cidade preta, vestígios da Revolução Industrial baseada no consumo de carvão. Os afrescos de Delacroix, na igreja de Notre-Dame-des-Champs, estavam banhados numa tonalidade meio cinza, as estátuas da Notre-Dame eram negras. Escuras eram as catedrais, o que, aliás, ressaltava o colorido dos vitrais.

Depois que André Malraux, em 1959, assume o Ministério da Cultura, no governo De Gaulle, se inicia um vasto programa de restauração. Paris recupera sua cor amarelada. Por toda parte cores voltam a brilhar. E, a partir desse primeiro passo, toda a Europa se colore. Pude ver a Capela Sistina meia limpa e meia suja, expondo o contraste entre um Michelangelo carregado e outro, que já beirava as colorações maneiristas. Nunca me esquecerei do choque de rever, na igreja de Santa Maria do Carmo, em Florença, a Capela Brancacci restaurada, as figuras pintadas por Masaccio, Mazzolino e Filippino Lippi se revestindo de rosa.

Lembro essas experiências para mostrar como, para nós, o aprendizado da pintura já implicava aprender a ver aquelas mudanças de aspecto pelas quais se tece a apreciação estética. Naturalmente aprendíamos a ver num quadro o retrato de um papa e a trama depositada no suporte pela qual o prelado aparece. Ora víamos o papa, ora uma trama dos tecidos e assim por diante. Aprendíamos naturalmente a ver a dança dessas alterações, de sorte que a experiência cotidiana nos auxiliava a contrapesar o efeito de continuidade inscrito no episódio narrado pelo quadro. A avaliação estética não se arma a partir dessa dança? Mas os jovens de hoje não encontram dificuldades para se abrir a essas alterações eminentemente plásticas? Além do mais, o uso sistemático da internet não os leva a privilegiar o conteúdo, a narração, em prejuízo da visão das mudanças de aspecto?

Antevejo a objeção. Nunca se teve tanto acesso às obras de arte. Basta uma rápida busca na internet para que tenhamos na tela de nossos computadores as pinturas rupestres de Lascaux, vendo detalhes e ângulos impossíveis de ser observados pelo visitante no próprio local. Numa visita virtual ao museu dos Uffizi, é possível pôr na tela os olhos da Vênus recém-nascida e examinar a trama colorida de que são compostos. No site do Museu Guarnacci, de Volterra, logo se encontra uma escultura longilínea de um rapaz que tem a aparência de um caule apenas modelado, escultura etrusca do século III a.C., e que traz o sugestivo nome de *Ombra della sera*. Mas as imagens dessas imagens reforçam meu argumento: tendem a escapar do jogo da referência e do referido, instalando uma presença que é aquela do corpo. Isto quando passa a depender cada vez mais de uma trama conceitual que os catálogos disponibilizam. Se não desaparece completamente o jogo entre imageado e imageante é porque a fala o sustenta. Cada vez mais a fala induz à visão. Seria engano pensar essa relação mediante a dualidade da forma e do conteúdo, porque assim o jogo avaliador passaria despercebido. Chavões como "forma e conteúdo" são de pouca valia para se entender o juízo estético.

2

Tudo isso nos conduz à pergunta pelos múltiplos *sentidos* da imagem. Desde a Antiguidade costuma-se tomá-la como produto da imaginação, faculdade da alma que possui a capacidade de captar o aspecto de uma coisa a fim de poder reapresentá-la na sua ausência. Nessa reprodução, a coisa perde a mobilidade de seus perfis para se fixar como se fosse capturada por uma câmara fotográfica. A imagem desenhada numa superfície teria, pois, como virtude máxima, a capacidade de apresentar a coisa imageada como se ela estivesse presente.

Graças a uma exploração sistemática da ideia de intencionalidade, a fenomenologia moderna ressaltou a diferença entre o ato de percepção que se depara com a coisa *estando* presente e o ato de imaginação que, como ressalta Jean-Paul Sartre, logo no início de seu livro *L'imaginaire* (1948), requer novo ato da consciência, uma *reflexão*. A imagem como imagem somente se tornaria descritível por um ato de segundo grau. Nele, o olhar se desvia do objeto para se dirigir à maneira pela qual o objeto é dado. E Sartre ainda ressalta: enquanto a coisa é dada por seus perfis, desdobrando-se num tempo e somando aspectos, a imagem se apresenta como algo certo.

No entanto, a análise fenomenológica se confunde quando tenta explicar o funcionamento das figuras ambíguas, como aquela famosa do pato/lebre – que ora é vista como um pato, ora como uma lebre. Para uma "mesma" coisa – e pelo menos o desenho é o mesmo –, dois atos seriam necessários: o perceber e o refletir. No fundo recorre a diferenças de representação. Essas mudanças, porém, não estariam presentes na própria imagem? Para distinguir numa figura ora um pato, ora uma lebre, é necessário saber distinguir esses animais, ter familiaridade com eles. Mas igualmente com os termos que os designam.

Quando alguém se pergunta pela ambiguidade de uma figura, ele já sabe falar dela. Esta é uma condição de fato, as pessoas aprenderam a ver figuras ambíguas e a falar das coisas afiguradas. Mas igualmente é uma condição, vamos dizer assim, *a priori*, porquanto sem o aprendizado de um sistema de regras regulando o que se pode falar das figuras e dos afigurados não há como se colocar o problema. Noutras palavras, o problema das figuras ambíguas aparece ligado ao exame de determinados jogos de linguagem, em particular à gramática do verbo "ver". As figuras ambíguas são vistas como ambíguas num contexto em que outras não o são. A mera descrição desses atos de consciência não dá conta de que esses atos estão sendo *ditos*, do ponto de vista do *dizer e do que é dito*.

Antes, porém, de aprofundar essa questão, é preciso examinar em que condições imagens podem ser mobilizadas para constituir um jogo de linguagem. A imagem que a mão deixa na parede ou o desenho de uma roda, ao fixar cada coisa num determinado perfil, retira dela as referências significativas que desenvolve no mundo prático da vida. A mão que se vê na imagem não pega, e a roda não gira, mas cada uma não deixa de reportar a uma multiplicidade de coisas cuja imagem foi fixada. A imagem da mão se reporta a muitas mãos, a imagem da roda, a muitas rodas, sendo que cada coisa "realiza" a imagem integrando características próprias. Cada imagem conforma um processo de identificar e, quase sempre, de nomear.

Compreende-se como a teoria platônica das ideias haveria de ser uma das primeiras formas do filosofar e o fascínio que até agora ela provoca. A medida identitária é posta como o que é: como a essência da própria coisa. Isto já nos sugere que a crítica questão da mimese só ganha sentido se por trás da coisa percebida transparecesse a essência, a forma, o ser dessa coisa. Feita, porém, uma crítica radical do platonismo, inclusive de sua genial reformulação aristotélica, não desaparece o papel da mimese na avaliação de uma obra de arte?

Esse processo de identificar é bloqueado quando a imagem é deformada. É possível que a falta de um dedo na imagem da mão invoque um político brasileiro que se tornou presidente da República. Ou um defeito no dedo pode também ilustrar uma determinada doença e assim por diante. A deformação, contudo, estimula o *olhar* para que ele se volte para a própria imagem. Se nos casos anteriores e dos retratos em geral são os imageados que se tornam presentes, agora é a própria imagem que se dá *ao olhar*, primeiramente para que se mostre correta ou incorreta, adequada ou não. Mas essa adequação somente tem sentido no novo jogo de linguagem em que a imagem é elemento primordial. Se antes a imagem era avaliada em relação à própria coisa percebida (ou ao *eidos*, como queriam os platônicos), agora essa avaliação, esse juízo não verbal, abre um espaço em que se torna possível avaliar se as deformações estão ou não conforme a outras partes da imagem, todos os aspectos tentando se integrar num complexo significativo visível.

A imagem se tornou uma espécie de imagem-coisa, adquirindo, assim, uma identidade própria. Quando vemos a imagem do pato/lebre, ora o desenho se liga aos patos reais ou a outras de suas imagens, ora se liga à lebre e suas respectivas repetições. Quando aprecio o retrato de Mona Lisa, o quadro não se torna mais belo se conheço ou não a pessoa retratada ou, ainda, se comparo sua beleza àquela de outras mulheres. Ele vale de *per si*, pelo fabuloso trabalho de triturar todas as coisas que nele estão representadas, para que o sorriso seja o da *figura* Mona Lisa, assim como suas mãos sejam *dela* e não de qualquer outra dama do Renascimento. Tanto é assim que, depois de ser furtada do Louvre e no seu lugar ter ficado apenas exposta a moldura, muitos visitantes continuavam a perscrutar o lugar vazio como se de repente a imagem pudesse saltar do nada. Do mesmo modo, se examinarmos com cuidado a mão do profeta Jeremias, cuja imagem se impõe no teto da Sistina, não teremos o retrato de uma mão, mas uma parte da imagem-corpo total do profeta, que se destaca para nela se apoiar a imagem-rosto-constrangido e suscitar uma barba branca transformada em cachoeira de lã.

O ver a mudança de aspectos começa quando colocamos todas essas referências no plano da própria imagem. Suponhamos que, nela, primeiramente vemos agora um pato, mas de imediato passamos a ver uma lebre, e vice-versa. O *ver como* que incluiu uma dimensão temporal onde as partes da imagem se apresentam como partes em busca de relações que as definem como partes. Ao ver a lebre, suas orelhas são formadas pelo que antes era o bico do pato. Passa a ter uma relação significativa, uma pequena reentrância na parte posterior da cabeça do pato, já que ela agora desenha a boca da lebre. Na imagem do pato, essa pequena curva do desenho poderia ser desprezada, mas se torna essencial para que o traço inteiro venha a representar a lebre. Em resumo, a unidade do traçado passa a ser recortada para que algumas de suas partes, ligando-se *essencialmente* com outras, venham a ser *significativas*. Em vez de imitar o real, a imagem se refere a ele, mas de tal forma que este real possa ser esta ou aquela coisa, se desmaterialize para vir a ser um personagem do mundo das artes.

Não é o que acontece com um bom quadro figurativo? A ambiguidade da coisa referida não chega ao ponto de poder ser esta ou aquela, mas o nítido confere significado referencial ao vago. Quantas vezes Leonardo define claramente os perfis da Madona e do Menino, a partir dos quais o corpo se estabelece, e os borrões, que separadamente nada significariam, passam a indicar mãos e pés? O punho e as mãos do profeta Jeremias, da Sistina, seriam apenas o pedaço indefinido de um corpo se dois dedos não se sobressaíssem para fazer com que o todo seja de fato uma configuração.

Mas nessa procura de significância as partes pesam no que elas mesmas são, nos exemplos acima: no primeiro caso, como traço; no segundo, a força de uma plástica viva. Note-se, e isto é de suma importância, que o ver algo e o ver suas condições de figuração decorrem no tempo. Ora vejo a Madona e o Menino, ora vejo suas partes se confluindo numa figuração, graças aos pesos, aos traços que estão se tornando aspectos pesados de tinta. Ora vejo o profeta, ora vejo formas e cores se conjugando para se tornar braço, mãos, cabeça e assim por diante. Se as artes plásticas estão na dependência de visões de mudanças de aspecto, não fica desde logo descartado, no processo de avaliação da obra, qualquer processo mimético? "Forma e conteúdo", "mimese" são *passe-partout* que somente confundem a análise do juízo estético.

3

Arthur Danto, ainda ligado à filosofia analítica, dirá que uma obra de arte vem a ser uma representação linguística.[2] Porque um quadro continua a representar algo, mesmo que esse algo não seja uma figura, como acontece na pintura abstrata, ele se torna parecido com a linguagem. A meu juízo, a ideia de representação não basta para explicar como um suporte trabalhado passa a apresentar sentidos que podem ou não chegar até as coisas. Prefiro me espelhar nas análises que Wittgenstein faz, na segunda parte das *Investigações filosóficas,* da gramática do verbo "ver". É tão legítimo dizer que "vejo isto" como que "vejo isto como isto"; em suma, o exercício do verbo "ver" abre a possibilidade de ver algo e ver algo como algo. Não é a palavra que é ambígua, como se nela estivessem encaixados dois significados, as dificuldades desaparecendo

---

2 Danto, Arthur. *A transfiguração do lugar comum.* São Paulo: Cosac Naify, 2005.

caso a palavra "ver" fosse substituída por dois verbos diferentes, suponhamos "ver $_1$" e "ver $_2$".

O primeiro passo consiste em abandonar o princípio, de origem platônica, de que há significações precisas e perfeitamente delineadas, sendo as palavras e os significados correntes as imagens dessas fontes formais. Elas permitiriam manter o ideal de distinguir com precisão o *que* vem expresso e *como* isso é expresso. Abandonado esse princípio, reconhecendo que os sentidos se aglutinam em jogos de linguagem que estipulam regras a serem seguidas para que os nomes encontrem referência, todo jogo de linguagem – em resumo, qualquer enunciado oral ou escrito – passa a ser visto de duas perspectivas.

A primeira diz respeito à maneira pela qual suas regras se reportam a estados de coisa, de sorte que a regra pode ser seguida correta ou incorretamente. A segunda diz respeito à maneira pela qual ele é ensinado. Se disser, ao falar de um jogo de xadrez, que "o bispo percorre o tabuleiro segundo linhas oblíquas em relação a seus lados", esta proposição pode indicar um fato, um lance correto do jogo. Mas o enunciado pode simplesmente estipular uma regra, que, se desobedecida, suspende o próprio jogo de xadrez. O "mesmo" enunciado pode então enunciar um lance da regra ou a própria regra, conforme ele está sendo usado. No primeiro caso, ele é bipolar, verdadeiro quando descreve este comportamento do bispo, falso quando é entendido como a descrição dos movimentos da torre. O enunciado tão só é uma figura ambígua.

Esta diferença entre regras bipolares e regras monopolares, estas estipulando condições *essenciais* de um jogo, não vale também para jogos não verbais? Um quadro, um afresco, uma escultura e até mesmo um edifício não se articulam como obras de arte graças a esse jogo?

Examinemos um exemplo. Percebo através de minha janela o tronco de uma árvore. Sei que, descendo ao jardim, verei o mesmo tronco sob outros aspectos. Mas, se com um marca-texto desenhar o contorno do que vejo no vidro da janela – lembrando o uso da câmara escura para captar imagens na pintura clássica –, passarei a ver tanto a figura desenhada como a figura do tronco percebido. Mais do que refletir, *construo* uma imagem colada ao objeto presente. É como se, por esse ato construtivo, o objeto fosse retido, posto em conserva, mas se desdobrando em imagem. Não é o que também acontece quando, ao colocar a mão sobre uma parede, esborrifo sobre ela um spray colorido? Resta a imagem que é de minha mão e nada mais. Mas se perguntarem a mim ou a outrem o que estamos vendo, a resposta pode ser: "Vejo a mão" ou "Vejo a imagem da mão". A ambiguidade se apresenta a partir do momento em que se *pergunta* pelo o que se está *vendo*, de sorte que a resposta tanto diz a coisa como sua imagem. A presença é da figura ambígua, por conseguinte uma quase-presença. É presença que pode ser *dita* tanto como a própria coisa, como a imagem da coisa.

No entanto, a mesma imagem pode ser empregada pelo menos em duas direções. A imagem de minha mão pode indicar o meu tamanho numa determinada época ou como era sadia quando era jovem. Mas igualmente pode informar *como* foi construída pelo borrifar de um spray que deixou numa superfície arenosa um traço enrugado.

Ao salientar num quadro a ambiguidade do *que* e do *como,* ele se torna mais do que mera representação. Ao ver o *que,* suponhamos o papa, estamos nos obrigando a ver seu rosto como a conjunção de testa, olhos, nariz, boca etc., cada parte estabelecendo com outras certas regras de proporção, de profundidade e assim por diante. Visto, o imageado se apresenta como um todo *regulado,* neste caso, ainda *mimetizando* regularidades e irregularidades que se encontram num determinado rosto. Ver o *que* estabelece partes entrelaçadas numa certa necessidade figurativa. Mas não é porque essa figuração ainda conserva um traço mimético que ela vem a ser decisiva para a constituição do objeto artístico. O que importa não é o jogo ambíguo do *que* com o *como*?

O abstracionismo o comprova e, hoje, todo nosso olhar foi formado por essa tradição. Vemos num quadro de Kandinsky vários círculos apresentando internamente traçados diferentes, manchas brancas que nos lembram as sinuosidades dos caminhos ou o esgueirar-se das cobras, um fundo negro cheio de pintas como se fosse o retrato de um universo escuro e assim por diante; mas também como os círculos se firmam em relação às cobras etc. Desse ponto de vista, tanto o retrato do papa quanto esse quadro continuam a afigurar, sendo que neste último a mimese se estilhaçou, instaurando-se enquanto imagens soltas pelas quais um novo objeto passa a fazer parte de nosso universo comunicativo. Essa diferença entre um e outro trabalho ainda nada diz a respeito de sua "beleza", isto é, se são ou não são obras de arte. Apenas o primeiro conserva a vantagem de informar para os historiadores como era, *mais ou menos,* o rosto de um papa.

4

Imaginemos Ticiano apresentando à corte papal o retrato de Paulo III, ladeado de seus sobrinhos Alessandro e Ottavio Fanese, hoje exposto na Pinacoteca de Nápoles. Alguns poderiam comentar a capacidade do pintor de revelar certos traços de personalidade do papa, a determinação de seu rosto, sua astúcia, o desempenho de seus sobrinhos – um religioso, outro cortesão. Outros poderiam se encantar com *o modo de apresentação* das figuras moduladas pela luz marcando as diversas transparências dos tecidos, a dominação do vermelho que se faz marrom e quase preto: em suma, ressaltariam os artifícios da representação concretizados em processos puramente pictóricos, que se *articulam em matizes regulados*. Esses aspectos do *como* tingem os conteúdos representados de tal modo que passam a fazer parte da *maneira* de Ticiano, regras apenas sugeridas, mas que, sendo repetidas noutros trabalhos, integram o tecido do mundo desse artista.

Vale a pena insistir que a mesma ambiguidade se encontra num quadro abstrato. Nos tempos em que se privilegiava o curso dos objetos narrados – e a História da pintura está cheia de estórias –, na apresentação de uma cena, religiosa ou cortesã, importava, sobretudo, do *que* ela estava "falando", sendo que o *como* era tomado tão só enquanto maneira, estilo. Mas não era por isso que a narração devesse apenas imitar, pois o pintor aumentava ou diminuía o número de seus personagens representados conforme a densidade que ele próprio desejava conferir ao decorrer dos acontecimentos. Em contrapartida, um quadro abstrato é uma articulação *consciente, proposital*, do *como* à procura de um *quê*. Não é o que acontece quando uma articulação de sons procura vir a ser nome de algo que, contudo, nunca configura, nunca encontra sua referência? "*Rosebud*" é uma palavra que sintoniza cenas de *Cidadão Kane*, mas somente no final descobrimos que nomeia um trenó infantil. Imaginemos que, perdidas suas cópias, uma única fosse restaurada sem a cena final. O filme seria menos bonito? Ou apenas seu sentido seria mais ambíguo?

Lembremo-nos de alguns trabalhos de Jackson Pollock. De certo modo, ele leva ao limite o procedimento surrealista da composição automática: compõe o quadro como se estivesse em transe, deixando cair na tela, estendida no chão do ateliê, fios de tinta formando um emaranhado de formas querendo se fazer. Destrói a imagem tradicional, a relação entre figura e fundo, para apresentar uma superfície que se faz orgânica, pura energia vital que conduz o olhar pela superfície do quadro, que então se move para o seu interior: este, sem rosto, se apresenta, então, com todos os visgos de seu *como*. Desse ponto de vista, um quadro abstrato de Pollock é semelhante àquelas tentativas de encontrar o nome de uma coisa pronunciando sons parecidos e à procura de uma articulação. E não é por esses caminhos do *como* em busca de um *que* sempre recuado que o quadro nos diz algo impossível de ser formulado precisamente? Mas ele somente se torna belo quando a referência buscada e a materialidade plástica do quadro se comportam como dois aspectos de uma mesma unidade transcendente.

Vejamos outro exemplo: um quadro de Lucio Fontana. Deparamos simplesmente com uma tela colorida marcada por um corte profundo. Já vimos outros quadros igualmente "maltratados" e, como indica o próprio artista, são trabalhos que invocam conceitos. No entanto, o corte, quase uma vulva, confere à tela um peso de chumbo, como se ela se abrisse para um escuro indefinido, situado além dela. A ferida sugere o golpe que a causou, mas igualmente se mostra como um vazio se fazendo coisa, ao mesmo tempo em que abre portas para um espaço indefinido. Graças a essa ambiguidade, a imagem vem a ser retrato de *isto* (do espaço confinado no vazio), mas também apresenta uma trama de tela e vazio se compondo *como* uma figura de partes interativas. Por certo, o sentido do quadro não está definido; ele se configura pelo *isto* apenas sugerido e por tudo o que se passa a *dizer*, primeiro, sobre os trabalhos de Fontana, depois, sobre sua posição no contexto da arte contemporânea.

O sentido está *in fieri* e neste se fazer as palavras adquirem papéis determinados. Antes da arte abstrata, o título da obra indicava a estória que estava sendo narrada, mesmo que fosse a de um personagem anônimo. Mas, conforme a arte se torna abstrata, as palavras apostas aos quadros passam a indicar um repertório de ambiguidades.

5

O curso de minha argumentação me obriga a refletir sobre o corte provocado pela obra de Marcel Duchamp no campo das artes visuais. Desde logo um *ready made* recusa esse jogo do *que* e do *como* que marca a obra, seja ela figurativa, seja abstrata. Ninguém ficará procurando mudanças dos aspectos de imagem num urinol, numa roda de bicicleta, numa pá para retirar neve. De propósito, Duchamp retira do objeto ele próprio qualquer variação de aspecto, todo jogo que passe pela retina, para apresentá-lo num contexto diferente de seu uso. Seu interesse é, ao mesmo tempo, irônico, crítico e filosófico: no lugar de um *trabalho* artístico apresenta um objeto comum, produzido em massa, sem qualquer característica individual, mas fora de seu encadeamento prático.

"O *ready made*", nos diz Octavio Paz, "é uma arma de dois gumes: transformada em obra de arte, malogra o gesto de profanação; preservada sua neutralidade, converte o próprio gesto em obra".[3] Mas, como esse autor salienta, o título passa a ser essencial na apresentação da coisa como obra. O urinol é dito *Fountain*, a pá recebe o nome de *In Advance of the Broken Arm* e assim por diante. De um modo ou de outro, o objeto comum passa a ser visto *como* uma coisa deslocada, isto é, não mais como coisa, mas algo à procura de um novo sentido, que pode ser, inclusive, a ironia da perda de sentido.

No entanto, sempre um além é pressuposto. No início do século XX, principalmente por causa da teoria da relatividade, que descreve o mundo a partir de uma geometria não euclidiana, falava-se muito na quarta dimensão. Duchamp se interessa por essa prosa científica, a ponto de pensar seus trabalhos como projeções sucessivas da quarta dimensão na terceira, e os quadros como projeções da terceira na segunda. O *que*, o fundo ontológico, se torna apresentável mediante uma sucessão de métodos de projeção, que marcam um cruzamento de sentidos.

---

3 Paz, Octavio. *Aparência desnuda*. Cidade do México: Ediciones Era, 2008, p. 37.

Daí sua preocupação com os padrões de medida. Mas, em vez de uma unidade rígida como o metro, Duchamp procura unidades lábeis. Toma uma linha de um metro de comprimento e a deixa cair no chão. Este é o novo padrão. Nessas condições, porém, este só pode medir a si mesmo. Não está recolocando uma velha questão: o metro de Paris tem um metro? Abandonado qualquer platonismo das significações, que hipostasiaria um metro ideal como medida dos metros concretos, estes sendo *imagens* da Forma--metro, o novo padrão é regra e seu próprio caso, criando, assim, uma situação ontológica *ambígua*, quando aquilo que é, ao mesmo tempo, é o que não é.

Não é este também o caso do *ready made*? São obras de arte que não são obras de arte e, por isso mesmo, alargam o domínio das artes. Se isto nos faz lembrar as relações de Duchamp com o surrealismo, é mister ainda considerar que o jogo ambíguo do *que* e do *como*, do mesmo modo que o jogo entre a regra bipolar e a regra monopolar, essencial enquanto medida do próprio jogo, agora somente se instaura se uma palavra, o título, é incorporada ao complexo apresentado. Um urinol qualquer se dá como fonte porque, ao ser dito como tal, seu *que* de urinol passa por uma suspensão de juízo, uma *epoché*, que diz o que a coisa não é. Note-se que é na mesma linha "epocal" que Andy Warhol apresentará como *Brillo Box* caixas que não servem propriamente para transportar sabão em pó.

A mesma ambiguidade entre o que é uma obra de arte e o que ela deixa de ser, de tal modo que ela perde seu caráter de coisa, marca seu trabalho mais elaborado, aquele que deveria ser o resumo de sua atividade artística: *La mariée mise à nu par ses célibataires, même*.

Já o título enfrenta problemas de tradução. A expressão "A noiva desnudada por seus solteiros, ainda que" descaracteriza seu conteúdo ambíguo, pois não se trata tão só de uma noiva de quem os pretendentes tiraram a roupa, mas de uma noiva que nunca deixará de ser noiva, tendo sido despida por intransigentes defensores do celibato. Reafirma-se uma separação radical entre o feminino e o masculino, embora os personagens estejam postos para se relacionar. Aliás, o próprio quadro é dividido em duas partes, a cada uma delas correspondendo uma forma de sexualidade constrangida. Por sua vez, "même" apenas suspende a posição dada anteriormente, sem nada significar, como Duchamp esclarece na sua entrevista a Pierre Cabanne.

A obra consiste num grande vidro duplo – 2,70 m de altura e 1,70 m de largura, dividido ao meio em duas zonas, aquela da noiva e aquela dos celibatários. Rachou ao ser transportada, o que deixou Duchamp encantado com as ranhuras. O pintor trabalha nela de 1915 a 1923, quando a declarou definitivamente inacabada. Já a transparência faz com que a obra seja quadro e janela, como se o projeto do Renascimento pudesse ser materializado numa coisa. Mas, segundo Duchamp, o uso do vidro serviu antes de tudo para conservar o brilho das cores que, sendo vistas através dele, se apresentam sem se oxidar. Tudo o que se vê nessa obra não é o que ela significa. São figuras mecânicas disfuncionais que por si mesmas já se distanciam do entusiasmo futurista com o mecanismo. Duchamp é amigo próximo de Picabia, que também compôs máquinas desarranjadas. Cada uma, porém, possui um significado, que, no entanto, somente pode ser compreendido quando se lê o que o artista *diz* dela. As notas publicadas sob o título *Caixa verde* e outras que compõem a *Caixa branca* transformam o quadro num texto, cujo sentido se vai ilustrando conforme Duchamp o explicita.

Cada figura não só conta uma estória, mas possui ela própria uma história que se faz ao longo dos desenhos preparatórios e das reflexões anotadas pelo artista. Todas elas compõem uma grande cena, como se fosse um quadro de Jeronimus Bosch, que hoje admiramos sem ter consciência dos significados místicos e religiosos de suas figuras, os quais um ilustrado de seu tempo apreendia de imediato. A peça de Duchamp conta a estória de um erotismo mecânico, frustrado por vapores filtrados que percorrem todo o espaço e movimentam máquinas absurdas. Os temas de George Bataille e dos surrealistas são encenados no palco da grande ironia.

A história da noiva começa a ser montada nos quadros de 1912, que têm como tema o *Nu descendo a escada*. Ao contrário dos futuristas, que pretendiam flagrar os movimentos, Duchamp quer registrar seus momentos de repouso, como se cada fase fosse um mecanismo que se carregasse por si mesmo. Depois de longas transformações, a noiva fica reduzida a uma máquina louca, projeção de uma terceira dimensão apenas sugerida pela transparência do vidro. Duchamp também a chama de "enforcado fêmea", sendo que suas partes são meramente simbólicas, mobilizadas por um combustível chamado "automovilina", que transforma essa "máquina desejante" num símbolo de um desejo sempre interrompido. Não é por isso, todavia, que esse instrumento-texto se constrói mediante uma gramática consequente. Pelo contrário, os contrassensos fazem parte de sua constituição.

Não temos condições de examinar os sentidos simbólicos de cada figura para, em seguida, esboçar um dos sentidos possíveis da cena como um todo. Cabe-nos apenas salientar sua dependência da palavra. Os aspectos somente se tornam visíveis depois de Duchamp enunciar os seus sentidos. Isto cumpre sua intenção de criar uma obra que não seja apenas plástica, que fuja do jogo retiniano, como ele mesmo anuncia. Recorre, então, à escrita automática para evitar uma recaída no bom gosto, como explica em sua entrevista a Cabanne. Esse depuramento não era justamente o cerne da educação tradicional que minha geração ainda recebeu?

Cabe salientar essa combinação do texto com a composição plástica. Depois de Duchamp, a produção pictórica hesita entre o conceito falado e a presença de uma gramática inscrita na própria coisa. Uma instalação somente deixa de ser mera encenação quando o conceito falado consegue transpassar os objetos dispostos. Eles passam a valer por si próprios como aspectos de um texto discursivo que se reprime. Quando o título é apenas mostrado, o trabalho não vale mais do que ilustração de uma ideia falada. É preciso que o próprio espectador mude seu ângulo de visão do objeto.

Isto já acontecia numa figura bem comportada. Nos séculos XVIII e XIX, os livros de botânica eram ilustrados por gravuras que mostravam formatos e cores de plantas até então ignoradas. Não basta simplesmente pendurar uma delas na parede para que nos pareça uma obra de arte. Além do gesto e das instituições que transfiguram a coisa num objeto estético, é preciso que seja avaliada como sendo bela, interessante, valendo por si mesma, mais do que a planta representada. Não se colocam nas paredes as atuais fotografias das plantas. Mas, nas instalações e nos trabalhos estritamente conceituais de hoje, não se *vê* mais a variação de aspectos; ela é *pensada* a partir de elementos que se apresentam como plásticos. Daí a importância do processo de *avaliação*, do juízo que assegura que a obra é boa ou má. Mas esse ajuizamento hoje em dia, antes de estar nas mãos do público, depende dos operadores do mercado de arte, dos *marchands* e dos curadores das grandes exposições. Em última instância, são eles que deixam as obras serem mostradas, colocando-as no circuito da visão e do pensamento.

6

Todos esses exemplos nos serviram apenas para indicar como é possível ver numa obra plástica uma imagem que instala um complicado jogo entre a própria imagem e o imageado. De modo nenhum estou pretendendo esgotar os diversos sentidos de uma obra de arte, tudo o que ela pode dizer. Apenas pretendo delinear certas condições "lógicas" – relativas a um logos – para que ela possa ser considerada obra de arte. Com isso tento me desembaraçar de conceitos gastos e que nada mais dizem, como a dupla "forma e conteúdo" ou a enigmática mimese. Estou tentando tão só reiterar que as coisas se transformam em obra de arte quando elas próprias "dizem" ou são ditas *como*, são belas ou feias na medida em que estabelecem uma ambiguidade entre as coisas que são e as figuras que procuram representar.

Note-se que beleza, aqui, pouco tem a ver com o que se considerou belo no vocabulário tradicional, pois, quando uma coisa está sendo dita "bela", nos importa que ela esteja sendo posta como obra de arte, por conseguinte, entremeada pelo jogo do belo e do feio. Uma coisa feia não é um objeto de arte, mas toda obra de arte é mais bela ou mais feia do que outras. Não é esse diferencial que procuramos captar no jogo dos aspectos, do *que* e do *como*? Na verdade, não cabe dizer que os quadros de Rembrandt são melhores do que aqueles de Rafael, mas sempre é possível afirmar que este quadro de Rembrandt é melhor do que outro do mesmo pintor, pois isso indica maior abertura para o mundo de Rembrandt. E Rafael também tem seu próprio mundo. E a questão, como lembrava Kant, não é apenas de gosto, mas, além disso, se liga aos modos de nossa transcendência.

Parece que a arquitetura escapa desse jogo. À primeira vista, um templo pode ser visto antes de tudo como um objeto de uso, que ainda se converte num momento verdadeiro do Espírito Absoluto ou da abertura para o Ser, como pretenderam Hegel ou Heidegger. A tradição é ligar arte e verdade. Desconfio desse vínculo, cujas raízes são gregas, e prefiro investigar noutra direção. Parece-me que um templo grego, por exemplo, se põe como obra de arte tão logo é visto como imagem de si mesmo. Mais do que estabelecer um traço entre a Terra e o Céu, ele é coisa que aparece diferente dessa mesma coisa quando usada no contexto cotidiano. Suas colunas foram arrumadas de tal maneira que a curvatura do raio visual as apresente como se estivessem dispostas numa linha reta. Dialogam com as paredes, com o teto, com os frontões em busca de um entrelaçamento de partes que consagram uma harmonia que somente pode ser vista quando o templo suspende seu caráter de lugar de culto para se apresentar simplesmente como obra bela, imagem de si mesma ressaltando o diálogo harmônico ou desarmônico de suas partes. Se um deus mora no templo, este verdadeiramente se mostra belo quando o abandona, para deixar no seu lugar uma fenda no mundo.

No entanto, para que se faça essa suspensão do uso religioso, é preciso que o olhar se demore no objeto e o queira como imagem no jogo do *que* e do *como*. Quando a vida cotidiana atrapalha essa demora, nada mais natural do que recorrer à palavra, ao título, para indicar que o visto não é propriamente aquele que se apresenta ao olhar apressado. Daí a modernidade da arte conceitual. Não se coaduna com as novas condições de vida, quando a pressa se torna virtude que tende a transformar o mundo num parque temático? Nada impede que obras conceituais possam ser tão grandes, tão "interessantes" como as clássicas, mas na medida em que foram incorporadas em nosso repertório nos obrigam a repensar o bom conceito hegeliano do fim da arte.

Obviamente Hegel nunca pensou que a partir do século XIX cessasse a produção de objetos artísticos, mas que essa produção não iria mais romper o âmbito da consciência de si no interior do qual as obras tinham sido produzidas sempre à procura da parte do Absoluto que lhes correspondesse. Se hoje em dia fica difícil pensar e viver qualquer absoluto, porquanto não nos vemos escapando de uma situação, não é por isso que perdemos qualquer aspiração de transcendência. Vivemos num mundo cuja mundanidade nos oprime, como se tudo pudesse ser dispensado e tivesse uma obsolescência programada. Mesmo assim, entretanto, alguns de nós espreitam fissuras nesse mundo congelado, aberturas que "maltratam" nosso mundo como os quadros de Fontana "maltratam" a superfície da tela. Não são os artistas esses "esfaqueadores", a despeito do manto convencional que sobre eles lança o mercado das artes?

E os quadrados sumiram

Tente repetir a mesma palavra muitas vezes; o sentido desaparece e passamos a ouvir sons num mesmo ritmo. Não é que um artista alemão, Josef Albers, ousa fazer uma homenagem ao quadrado simplesmente sobrepondo quadrados uns sobre outros e, com isso, esperando que neles encontremos algum sentido? Outros artistas se aproveitaram da repetição, como as séries de Andy Warhol. Mas a sequência das imagens de Marilyn Monroe ou das garrafas de Coca-cola logo fazem sentido, pois nelas as figuras se corrompem, mostrando o desfazimento da atriz ou de um objeto de consumo. As exposições de Albers e sua mulher, Anni, no Instituto Tomie Ohtake e na Pinacoteca do Estado já foram noticiadas por Jorge Coli, no caderno "Mais!"[4]. Comentado o evento, prossigo procurando discutir algumas perguntas sobre teoria estética postas por esses trabalhos.

    A série *Homenagem ao quadrado,* de Albers, não desfaz a figura repetida, mas trata de valorizar a variação do tamanho das formas e dos matizes de cor. Qual é o sentido disso tudo? Alguns dados de sua biografia nos dão alguma pista. Terminou sua formação, no final dos anos 1920, trabalhando na Bauhaus de Weimar, instituto criado pelo grande arquiteto Walter Gropius, que pretendia juntar a grande arte com outras artes e ofícios. Os nazistas não deixaram

---

[4] "Mais!", *Folha de S.Paulo,* 1º.3.2009.

de perceber a inovação revolucionária dessa exaltação à técnica e fecharam o instituto em 1933. Albers e Anni são os primeiros a emigrar para os Estados Unidos, ambos se integrando a um instituto experimental de artes e ofícios, o Black Mountain College, recém-fundado na Carolina do Norte. Quando sobe pela primeira vez as escadarias do College, Albers, já famoso, está sendo recebido com todas as honrarias. Um aluno lhe pergunta: "O que o senhor pretende fazer aqui?". A resposta é imediata: "Ensinar a ver".

O que *Homenagem ao quadrado*, então, nos ensina a ver? Outra pista nós encontramos no testemunho de um de seus alunos. Diz ele que Albers, quando falava do interesse plástico de uma cadeira, não só apontava os pormenores de sua forma, mas ainda indicava como ela era feita, como suas peças se encaixavam num todo. O conceito de encaixe me parece essencial. Não importa tanto a sobreposição dos quadrados no suporte quadrado da peça. Estes são descentrados para baixo e a diferença das cores de cada figura forma uma trama que passa a valer *per si*. Albers usa a tinta como sai do tubo, espalhando-a do centro para os limites da imagem, às vezes sobrepondo uma cor noutra, formando um intermediário colorido entre dois quadrados. Não há dúvida de que é um grande colorista, mas antes de tudo explora a variação das cores e das figuras, de sorte que o objeto exposto é a própria mudança de aspecto.

É notável como os trabalhos de Anni, que fora aluna da Bauhaus, seguem o mesmo paradigma. É uma grande tecelã, admira e estuda os tecidos peruanos – o casal se fascina pelas culturas pré-colombianas. Importa-lhe, porém, a trama, o encaixe dos fios, como o encaixe das formas e das cores. Noutra série, *Variantes*,

Adobe, exposta na Pinacoteca, o artista examina os efeitos plásticos desse tijolo cru, argila misturada com palha, que serve de material de construção para os mais pobres.

Nessa série o encaixe se dá entre faces do objeto, mas exibe uma simetria, como se diante do tijolo admirássemos suas formas mudando de posição. Às vezes nos lembra fachadas de Volpi. A intenção me parece, contudo, diferente. Volpi repete para fortalecer a visão de cada aspecto, cada porta repetida é esvaziada de sua forma para apresentar a vibração de suas cores; Albers, ao contrário, insiste na mudança de aspectos, na trama onde cada elemento vale na formação de uma figura ambígua. Tanto é assim que essa série, no conjunto, não me parece tão forte quando comparada com *Homenagem ao quadrado*, em que a ambiguidade vale de *per si*.

Lembremo-nos de que essa visão de aspecto serve para Wittgenstein estudar a transformação dos sinais em símbolos, ou melhor, os primeiros passos da representação linguística. Nas figuras ambíguas, como aquela em que o mesmo desenho ora é visto como pato, ora como lebre, a representação não é mais ícone, como se fosse decalque da coisa deixado no papel. Vê-se um pato sendo remetido a outros patos com os quais convivemos, a lebre com as lebres que ajudam a formar nosso mundo. Essa ambiguidade não nos ajuda a pensar o funcionamento da palavra falada ou escrita, que ora é significante, ora significado, se reportando a um estado de coisa? *Variantes, Adobe* e *Homenagem ao quadrado* ressaltam a importância da mudança de aspecto para a formação de uma linguagem pictórica. Nela, o objeto não aparece como universal se reportando a objetos semelhantes?

Quando um pintor representa uma cadeira, mesmo quando mergulha na observação e na reprodução de um detalhe, importa-lhe como os aspectos se encaixam de tal modo que esses objetos móveis possam povoar um mundo que traga a sua assinatura. Por isso a representação pictórica não vai do objeto à figura, mas desta para aquele, quando a figura se individualiza à medida que suas partes passam a trazer um novo significado para um objeto que vá além de seu valor de uso. Por isso as figuras entram num jogo, o exercício de uma gramática, que procurei examinar em meu livro O *jogo do belo e do feio*. Não da beleza e da feiura, mas do juízo avaliando o bom e o mau trabalho.

Ao dispor os quadrados e suas cores numa gramática fraca, Albers nos ensina a ver a pintura na sua mínima dimensão e, por isso mesmo, essencial. Desse modo, encontra meios para falar do mundo tal como ele o pinta. Não é por isso que o mundo seja quadrado, mas a mudança de seus aspectos passa a nos indicar como encaixes de figuras e cores podem remeter a algo além, que, assim, fica quase dito. Mística presente no julgar artístico? Ou arte, trabalho humano, substituindo a mística?

8.3.2009

Enigmas decifrados

Basta percorrer os espaços da 26ª Bienal de São Paulo para se ter uma amostra da diversidade de produção artística contemporânea, sempre se referindo aos paradigmas mais diversos. Sendo impossível estudar todos, contento-me em puxar apenas um dos fios dessa meada enrolada.

Alguns trabalhos nos levam a pisar em terrenos conhecidos. As extraordinárias fotografias de Edward Burtynsky acompanham alguns passos da construção de uma barragem a partir da enorme destruição que isso provoca. Desde logo se percebe a aliança profunda entre o construir e o destruir. Mas toda e qualquer destruição vale a pena? Na série de fotos importa menos a narrativa desses passos do que o modo pelo qual aprendemos a ver, mediante "mudanças de aspecto" do próprio cenário, o custo que a destruição física provoca no espaço vivido das pessoas, como se elas, antes de serem desenraizadas, ainda devessem experimentar o desfazimento de suas próprias espacialidades. Tudo isso para que se erga uma barreira, antes de tudo, a bloquear o horizonte.

Os visitantes mais velhos lembraremos de como o socialismo autoritário se identificou com a industrialização a qualquer custo, de como a produção de eletricidade se converteu numa questão ideológica. Não é à toa que Burtynsky, artista que vive em Toronto, fotografou momentos da construção da barragem das Três Gargantas numa China que elegeu como prioridade o desenvolvimento econômico a qualquer custo. E, assim, se evidencia o lado ideológico de suas fotos, cuja beleza, contudo, provém das formas pelas quais tomam esse tema como ponto de partida para criarem sistemas de variação de aspectos de um mesmo desfazimento.

Mas o que dizer dos andaimes de madeira que o artista paulista Thiago Bortolozzo expõe ou deixa exposto ao longo de um muro? Tão logo se nota que a construção transpassa a parede de vidro do prédio, compreende-se que não consiste simplesmente num andaime usado na montagem da exposição e que lá teria permanecido por descuido. Não, a obra cuida, mas, antes de tudo, para se negar como imagem, por isso necessita atravessar o vidro para desenhar o espaço reduzido a partir do qual procede a essa negação. Mas ela está ali, exibindo uma transitoriedade descarada, cujo sentido, como acontece com boa parte das obras contemporâneas, somente pode ser captado quando se leem os textos que as acompanham. Dessa forma, nos é dito que o artista pretende explorar a surpresa de quem encontra um objeto que habitualmente teria sido removido antes da abertura da Bienal.

O texto continua explicando que a rampa de madeira (agora sei que é rampa, e não andaime) não pede desculpas por criar esse mal-estar; pelo contrário, insiste em colocar em contato dois ambientes que em geral ocupam espaços distantes. Começamos vendo uma coisa, depois vendo que ela é mais específica, mas nada encontramos inscrito nessa mesma coisa – o que me levaria a alterar o sentido do que vira. Simplesmente vejo a rampa num lugar estranho. As variações dos aspectos da coisa deixam de ter importância na determinação do juízo estético para ser integradas na percepção de uma diferença de ambientes, mais sentida que pensada, posta em razão de causar um estranhamento.

Não há dúvida de que o artista procura dar novo sentido a um objeto de uso comum, procedimento, porém, que não me parece estar na linhagem das provocações de Marcel Duchamp. Quando este expõe no espaço de uma galeria pás, suporte de garrafas, urinol e outras coisas mais, está, antes de tudo, querendo mostrar o primeiro movimento da constituição de um objeto artístico ao ser retirado do mundo para se mostrar como imagem. Mas não se contenta com esse primeiro passo, ainda justapõe um título ao objeto, que faz com que o visto ganhe novas significações. Em vez de escondido, como acontece no mundo cotidiano, o urinol é exposto, mas, ao ser denominado "fonte", se mostra o que não é, pois, em vez de verter água, a colhe para ser rejeitada.

A rampa igualmente pretende emprestar novo sentido a um objeto cotidiano, mas essa intenção somente é cumprida depois que o texto, em vez de sugerir o que deva ser visto, como ainda acontece no urinol de Duchamp, dispensa o ver, explicita o sentido do trabalho, mediante um dizer que se cola a ele. O ver se torna caminho para uma sensação indefinida, sem alteração de como o objeto é visto. A diferença se faz no modo de considerá-lo.

Será que isso acontece porque esse trabalho seja ruim? Não importa, pois, quando se pretende compreender como funciona a avaliação estética, muitas vezes um erro é mais revelador do que um acerto. Não há dúvida de que a Bienal é sempre labirinto de caminhos, juntando algumas peças importantes a um bando de obras irrelevantes. Aliás, esse é o preço a pagar por qualquer exposição projetada para representar fragmentos da produção contemporânea. O preço pode ser maior ou menor, mas não há como evitar a justaposição do bom e do mau, do interessante e do inócuo. Mas esse trabalho de Bortolozzo, provavelmente infeliz no contexto de sua produção respeitada, me serve para evidenciar um dos modos segundo os quais os artistas contemporâneos tratam de negar o aspecto de imagem de seus trabalhos. Preciso deixar claro que estou usando "imagem" no seu sentido mais lato, de sorte que é imagem tanto um quadro abstrato como uma paisagem que contemplo, em vez de vivê-la. Ora, antes de julgar se o trabalho é bom, não convém refletir sobre o sentido dessa negação?

Vejamos outro exemplo. Logo na entrada nos deparamos com um elefante empalhado, carregando nas costas um palanquim, no momento em que está sendo atacado por um tigre. Não pode haver objeto mais feio e de menos bom gosto. Que sentido, entretanto, há de ter? O texto mostra o caminho das pedras. Certa vez o artista Huang Yong Ping viu empalhado, no Museu de História Natural de Boston, um dos quatro tigres que o rei George v havia caçado no Nepal. O animal empalhado e paramentado ilustra, então, um possível pesadelo desse rei. Em vez de caçar, ele teria sido caçado pelo tigre. Mas, visto que o palanquim se encontra vazio, sublinha o texto, a glória de George v se transforma numa ameaça.

Interesso-me muito pelos comentários dos guias que explicam aos turistas uma obra de arte. Se esta sempre é aberta, o que se diz dela não dá pistas para seu bom entendimento, mesmo quando se trata de uma tolice? Pois bem, vi o elefante cercado por um grupo de crianças às quais o monitor fazia um discurso ecológico. Dado o costume de massacrar animais, não é justo que estes nos deem o troco? Mas, observe-se, as crianças nada tinham a aprender diante do objeto visto como objeto. Este poderia ser qualquer um, desde que ilustrasse o sentido dessa história da carochinha.

A obra de arte não deixa, então, de fazer ver, de ser ela mesma um labirinto de aspectos, obrigando-nos a pensar por semelhanças e diferenças visuais, para se transformar em mera exposição de um caso, de uma regra, cujo sentido, embora impreciso, procede de um discurso, escrito ou oral, mas aposto a ela?

Essa abolição do fazer ver se torna muito explícita numa obra – aliás, muito visitada – do russo Sergey Shekhovtsov, denominada *Cinema*. O visitante se aproxima de uma parede onde a palavra "cinema" está inscrita e entra num corredor aberto atrás dela. Antes, porém, já pode apreciar uma figura, em tamanho natural, voltada de costas e fazendo pipi. No corredor ele vê, atrás de um enorme *paneaux* de vidro, figuras pop como se estivessem assistindo a um filme. "Mas o filme somos nós!", exclama, encantada, uma monitora diante de um grupo de adolescentes.

Tive a sorte de ouvir outro comentário. Em grandes linhas, o monitor me reproduziu o que a monitora já dissera (garantiu-me que não estavam reproduzindo um texto decorado). "Mas essa luz do canto, que ilumina toda a sala, não poderia ser interpretada como proveniente de uma tela da televisão", provoquei. "Impossível", respondeu-me, pois as figuras de esponja (cada uma na sua feiura aberrante de material vagabundo, diria eu) têm seus olhos voltados para nós. Não somos nós que vemos essa obra de arte, ela é que nos vê, mas com isso perde os elementos de que necessitaria para fazer ver. Se ela nos vê, nós mesmos nos transformamos no visto, mas, assim, ela deixa de educar e fazer funcionar nosso pensamento, a não ser naquilo que formos capazes de dizer uns aos outros. Em vez de se dar como transcendência, a obra se apresenta como estímulo da fala. Como evitar a tagarelice, quando essa fala não possui objeto exterior e articulado em si mesmo que a regula?

Como obra, como trabalho, um objeto de arte costumava consistir numa arquitetura de aspectos da coisa e de tudo aquilo que se possa ver nela. A instalação, entretanto, é uma obra que pretende ir além do visto, lidando com outros sentidos, mobilizando inclusive o próprio corpo do espectador. Ao cruzar dimensões tão diferentes, não é para inventar gramáticas paralelas que resultem numa teia de sentidos? Se isso não for feito, corre o risco de não possuir gramática alguma, vale dizer, regras capazes de constituir sentidos intersubjetivamente. Daí a necessidade de se falar diante delas, de justapor-lhes uma língua que possua uma gramática abrangente. Segue-se a pergunta: seria possível uma obra de arte sem o jogo do belo e do feio, do interessante e do desinteressante e assim por diante? Não estou querendo crucificar as instalações, mas apenas levantar uma pista para entender seu sentido. Aqui, porém, fica só o primeiro respiro da pergunta, pois, para ser desenvolvida, seria preciso examinar de que forma instalações consagradas se reportam àqueles textos que falam dela.

12.12.2004

Imagens pensantes

Nada parece mais absurdo que imaginar a imagem sendo constitutiva da coisa. É o pé que deixa sua marca na areia, o corpo, na praia; de sorte que o desenho e a pintura sempre deveriam ter alguma semelhança originária e arcaica com a coisa que representam. Já no que respeita ao pensamento, percebe-se que ele combina imagens ou nomes para se reportar a estados de coisa, de sorte que essa semelhança pode ser no máximo a semelhança de estrutura. É possível, então, imaginar que nomes e imagens se combinam do mesmo modo como as coisas o fazem para formar um estado de coisa. Por isso, se o pensamento lida com imagens, é porque desde logo coloca entre parênteses aquela semelhança que seus elementos relativamente simples mantêm com as coisas.

Isso fica claro na escrita hieroglífica. A figura de um rato pode nomear um rato, aquela de boi, um boi, mas a expressão "rabo" poderia ser transcrita pelas imagens de ambos os animais nomeados, cada desenho valendo pelo primeiro fonema da palavra que nomeia a coisa. Nesse caso o hieróglifo, sendo imagem complexa, já ecoa um pensamento, pois a composição vem a ser verdadeira ou falsa. Em contrapartida, um pensamento pode se utilizar de imagens. Lembre-se daquela que, analisada cuidadosamente, faz ver a verdade do teorema de Pitágoras.

Essas considerações iniciais servem para nos precaver de uma utilização irresponsável do conceito de mimese. O estatuto e o sentido da imagem pictórica vão depender do emprego de cada uma. Para facilitar, fiquemos apenas com o desenho. É natural pensar que ele se reporte à coisa desenhada na medida em que algum aspecto dela foi reproduzido no papel. Não é tomando um modelo vivo que se aprende a desenhar? Não é ele o ponto de referência da figura? Mas não há por que transformar essa origem e essa motivação no critério pelo qual julgamos se o desenho é objeto de arte, isto é, bom ou mau trabalho.

Mesmo aqueles que fizerem da mimese o ponto de partida do juízo estético sempre tiveram o cuidado de dizer que entre a imagem e seu original poderia haver outras relações do que aquela de semelhança. Enquanto a filosofia pensava antes o ser e depois a consciência, ainda era possível entranhar o critério no próprio ser. O desenho seria belo porque mostraria a montanha na sua autenticidade: Júlio II, no seu poder e na sua sacanagem, Guernica configurando o próprio pavor. Mas essa solução tem consequências intrigantes, principalmente porque, ao tomar a imagem como presença de uma coisa ausente, retira dela tudo o que seu uso lhe traria, em particular suas estruturações internas, para dar carne a essa ausência.

Voltemos ao exemplo do hieróglifo. Ele vem a ser uma forma muito elementar de pensamento quando se nota como suas imagens elementares se combinam correta ou incorretamente para exprimir um estado de coisa. Ainda quando nomeia um faraó, as partes desenhadas ostentam uma análise da linguagem e das coisas. O hieróglifo que nomeia Ramsés II, enquanto imagem, incorporou nele mesmo uma estrutura apenas sugerida, mas que nenhum índice pode possuir quando indica uma coisa. Daí a conveniência de já tomar o hieróglifo como expressão de um pensamento que, antes de dizer respeito à coisa nomeada, indica as análises e as sínteses que foram necessárias para que um nome possa ser escrito por uma estrutura complexa, segundo um critério que liga a fala e a imagem.

As figuras ambíguas nos dão pistas preciosas para refletir sobre essa questão. E aqui vale a pena examinar com cuidado tudo o que Ludwig Wittgenstein disse a respeito. Tomemos um exemplo muito simples, daqueles dois paralelogramos ligados entre si, que nos aparecem ora como degrau côncavo, ora convexo. Não convence dizer que o desenho ora imita um degrau, ora outro, pois importa sobremaneira a ambiguidade do traçado, sendo visto ora como isto, ora como aquilo. Não se vê primeiro o traçado e, depois, sua referência, visto que o "mesmo" de base é diferente quando a imagem se refere a isto ou aquilo.

Além do mais, ainda se vê a própria ambiguidade – o salto do côncavo para o convexo, do pato para a lebre, e vice-versa. Ora, isso ocorre porque o olho passa a ver diferentemente as partes elementares da figura. No caso do degrau, basta passar uma secante pelos dois paralelogramos para que se veja necessariamente que essa secante passa ora sob a aresta (degrau convexo), ora sobre ela (degrau côncavo). Mas, para poder ver a própria alteração do aspecto, algo sendo visto como isto ou como aquilo, é preciso que se abandone a tese de que a referência da imagem é prioritária sobre a própria imagem, pois somente assim a ambiguidade pode ser vista na sua própria ambiguidade, ao se atentar para o jogo da imagem e do imageado, como os dois lados da imagem se combinam para privilegiar este ou aquele aspecto de um mesmo processo.

Desse ponto de vista, não existem mais as coisas e imagens que viriam a ser delas, mas um jogo em que a imagem usada tenta conformar um imageado, que, por sua vez, transforma todos os seus traços em momentos lógicos da própria imagem. Ainda desse ponto de vista, pouco importa se o desenho ou o quadro seja figurativo ou abstrato, pois ambos são modos diferentes de exercer o mesmo jogo. E para mim é isso que importa, pois vou examinar uma obra de arte para encontrar nela um exemplo de um jogo que está sendo exercido e constituído por um artista e uma época. A despeito de minha paixão pelas artes plásticas, quando examino uma peça é para mostrar como ela faz ver certas relações entre seus elementos simples e, desse modo, constitui uma protolinguagem expressiva. Críticos e historiadores da arte se impõem outras tarefas, em particular conhecer uma obra de arte, a produção de um artista ou de uma época. Não concordo com eles, pois me limito a procurar algumas regras do jogo do belo e do feio.

Não estou inventando a pólvora. Ao ver na obra de arte um juízo nascente, modo de combinar partes relativamente simples de tal maneira que pareça correto ou incorreto, estou tentando repensar a concepção do belo proposta por Kant, isto é, o livre jogo do entendimento e da imaginação, mas agora com diferentes teorias do juízo e da própria imagem. Obviamente não vou agradar àqueles teóricos e críticos de arte que fogem do juízo como faz o diabo esculpido no portal de uma igreja diante da cruz de Lorena. Mas dou prosseguimento a meu projeto de examinar várias formas possíveis de juízo e, por conseguinte, de razão.

27.11.2005

O construtor de inversões

Desde a Antiguidade, a imaginação tem sido posta como aquela faculdade de ter presente uma coisa ausente, de imaginar agora como será a reação do leitor ao ler estas páginas ou um próximo passeio pelo parque Volpi. É, por isso, uma espécie de memória revirada, pois sempre tem, de um lado ou de outro, a percepção como ponto de partida. Nada mais natural, portanto, que as figuras desenhadas nas grutas habitadas por nossos antepassados, os afrescos e os mosaicos, os quadros e mesmo a fotografia artística sejam pensados como imagens compostas a partir de coisas e fatos anteriormente presentes, agora sendo evocados por elas. Tudo se passa como se a imagem de uma obra de arte copiasse o pé que deixa sua pegada na areia ou a mão que suja o papel com suas marcas.

No quadro haveria, então, uma semelhança originária entre a imagem e a coisa afigurada que não precisaria se ancorar num decalque ou, ainda, num método de projeção capaz de estabelecer semelhança entre uma curva e uma expressão algébrica, tal como aquele inventado por Descartes. Mas sempre estaria pressuposto que o artista trabalharia a partir de um modelo, percebido num relance ou pairando no céu das essências. As artes plásticas não poderiam fugir dessa imitação ou, como querem alguns, da mimese.

No entanto, se refletirmos sobre a maneira pela qual nos tornamos familiar com um belo quadro – ou qualquer adjetivo que lhe queiramos dar, como "interessante", "bom", "extraordinário" etc. –, logo verificamos que as coisas só se passariam assim se invocássemos aquela relação mística segundo a qual Deus, artista por excelência, pôde criar o homem à sua imagem e semelhança.

Não seria possível pensar além da mimese, a partir de novos parâmetros? O pintor, no final das contas, constrói imagens, o escultor fabrica bustos e estátuas. Por que não examinar desde logo a imagem artística como construção de uma figura à procura de sua referência, de algo que possa representar, digamos, seu imageado? Ao caminhar da imagem para o imageado, ainda necessitamos considerar o papel do construtor, de sorte que a relação, agora, passa a ser ternária.

Percebe-se de imediato o primeiro lucro dessa operação, ao introduzir o modo de ver do próprio pintor ou do espectador entre a imagem e o imageado. A imagem surge como figura ambígua, pois, de um lado, nela se vê o imageado; de outro, o traço, o desenho visto tal como invoca a coisa. No seu livro *A pintura como arte*[5], Richard Wollheim distingue, na percepção do quadro, o ver o objeto retratado e o ver no suporte a figura. Desde que passemos a privilegiar o ato construtivo no quadro – ou em qualquer outro suporte de uma pintura –, passamos a notar no traçado o afloramento de relações internas entre suas partes. Por exemplo, o modo como aquela figura se destaca de forma muito especial da paisagem, indicando como é capaz de manter com a natureza retratada uma relação distante ou, ainda, como aquela mancha de cor a invadir um pedaço da tela transforma o preto ao lado num foco de luz e assim por diante.

5 Wollheim, Richard. *A pintura como arte*. São Paulo: Cosac Naify, 2002.

Desse ponto de vista, o quadro, mais que combinar o ver algo e o ver no suporte igualmente algo, ressalta a ambiguidade da figura, seja apresentando uma coisa ou uma cena, seja se apresentando como arranjo significativo e expressivo de partes. Noutras palavras, ressalta o que se narra e a carne da narração. Essa distinção inscrita no significado do verbo "ver", que tanto quer dizer ver algo quanto ver como, permite-nos procurar na obra de arte processos de variação de aspectos inscritos nelas mesmas.

Vejo um cubo deste ou daquele ângulo, mas, para isso, ando em volta dele sempre à espera que se cumpra o que antes foi imaginado. Mas, quando giro em torno daquela mulher reclinada, esculpida por Henry Moore e exposta numa loja externa da Pinacoteca do Estado de São Paulo, mais que variar meus pontos de vista, estou a seguir uma curva que, passando para o outro lado, se revela como mármore irradiado, ou, ainda, meus olhos se fixam em seus pés até que me façam esquecer o que representam para se mostrarem exemplos de uma matéria tipicamente esburacada. Se o objeto da percepção se dá, em termos fenomenológicos, por perfis ligados entre si segundo "sínteses passivas", em contrapartida o objeto artístico desdobra seus perfis como se ligados por uma linha mágica a nos levar a ver algo e também como esse algo é visto. Isso se dá até mesmo no caso-limite do *ready made*, em que a coisa apresentada deixa de valer por seus perfis de coisa para impor apenas sua presença vicária, porque industrial.

Tenho me ocupado com esses problemas (*O jogo do belo e do feio*) e precisaria mais tempo e ócio para levá-los adiante. No entanto, importa aqui salientar que esse modo de ver um quadro realça o lado construtivo da imagem, livrando-nos do tradicional império da mimese. Em vez de ir da coisa para a imagem, a avaliação de uma obra há de partir dela mesma na sua ambiguidade, jogando com a visão do que vem a ser retratado e as diversas maneiras de compor a imagem utilizando diferentes materiais. O referente, o imageado, nasce, pois, desse jogo que às vezes trabalha com semelhanças, mas cujo valor estético não depende delas.

Isso é evidente na pintura abstrata. Sua composição sempre procura sair do suporte, construir uma espécie de paisagem que vai além do enquadramento da tela, abrindo-se para um mundo diferente daquele do cotidiano, na medida em que assinado por um artista, mesmo quando um desconhecido. Esse extravasar regulado além do enquadramento acontece até mesmo com artistas que trabalham com pouquíssimos elementos. Veja-se Barnett Newman, cujas telas apresentam um campo colorido talhado por uma ou mais faixas verticais. Poderia haver composição mais simples? Aí o jogo do fundo e das faixas cria um espaço vazio à procura de preenchimento, de sorte que o espaço sugerido vai além do retângulo do suporte, sem que este seja transformado numa janela na qual seja visto aquele espaço, sempre demarcado pela trama das listas.

Bem sei que contrario a prosa de muitos artistas, a maneira pela qual falam de seus trabalhos. Durante séculos não se propunham a narrar o encontro de deuses com homens, fatos marcantes e, mais tarde, a presença de uma paisagem ou uma natureza morta? Picasso, por exemplo, está sempre reafirmando que parte de semelhanças, e quem for à Pinacoteca ver a belíssima exposição de Henry Moore poderá assistir a um filme em que o artista relata que muitas vezes se inspira no aspecto de uma pedra que lhe lembra um pássaro ou de um tronco calcinado que lhe sugere um guerreiro. Mas já não se infiltraria, nessa maneira de dizer alimentada por uma tradição secular, aquela inversão que vai da imagem ao imageado, a fim de que a obra de arte possa fazer ver?

O próprio Picasso nos lembra que suas deformações se concentram em determinados pontos do quadro, que sua composição implica variação de aspectos. "Só se pode acompanhar realmente o ato criador por meio da série de todas as variações", diz ele nos diálogos com Brassaï[6]. Ora, por que todas as variações? Essa alusão a uma totalidade não remeteria ao espaço do suporte? Além disso, basta assistir ao filme de Clouzot em que o pintor aparece trabalhando em telas transparentes, o que permite filmar sua operação pelos fundos, para que se perceba que não lhe interessa pintar este ou aquele animal, esta ou aquela coisa, mas explorar as junções e as disjunções que seu ato está criando no objeto. Não se constituiria, a partir dessa produção singular, justamente o jogo do belo e do feio?

22.5.2005, publicado com o título "Sobre a imagem pictórica"

---

6 Brassaï. *Conversas com Picasso*. São Paulo: Cosac Naify, 2000.

O malandro Satã

À primeira vista julguei que haveria momentos de *Madame Satã*, filme de Karim Aïnouz, que poderiam ter sido escritos e encenados por Jean Genet. Neles se encontram a mesma conivência entre violência e ternura, a mesma opção pela marginalidade, a mesma angústia de pessoas que só podem viver na aresta do mundo. Mas as diferenças entre os dois universos se impuseram quando o filme foi visto pela segunda vez: de um lado, a religiosidade invertida de Genet, de outro, o malandro e o Carnaval.

João Francisco dos Santos, que virá a ser o personagem Madame Satã da boêmia carioca dos anos 1940, confessa ser possuído de uma raiva interna que o leva a uma violência generalizada contra tudo e contra todos, mas esse extravasamento de si é terno, infantil, manifestação de uma perversidade polimorfa que não pode ser contrariada. Não possui, assim, instrumentos para se regenerar e participar da vida comum e teria sido apenas um marginal perigoso se não fosse recuperado por sua arte, precisamente por uma atividade sem fim. Não há dúvida de que Satã dá prosseguimento às estripulias de João, que continua a ser preso e a adotar crianças. Mas essas aventuras perdem a força dramática ao se desligarem da luta raivosa pelo reconhecimento, porquanto agora nada mais são do que contradições de uma personalidade famosa registradas no final do filme. A verdade de João, a aliança da violência com a ternura, converte-se na anestesia do artista marginal integrado na sociedade contemporânea como o macaco de um zoológico, vale dizer, mentira em processo, mas consagrada.

Nada mais distante, portanto, da maldição que carrega um personagem de Jean Genet: para Querelle, por exemplo, o roubo, santificado pelo assassinato, só pode ser expiado pela morte do próprio corpo, ato de submissão sexual. A arte vem do escritor, e não de seu personagem. Além do mais, a violência de João não se confunde com a vontade de matar tudo o que se ama, como queria o dandismo *fin de siècle* de Oscar Wilde. Se arte e realidade se movem no mesmo nível simbólico, a violência se exerce no imaginário. No caso de Dorian Gray, o rosto não é espelho da alma, mas o retrato do personagem.

Em contrapartida, João pratica uma violência antissocial, recusa do outro como *socius*, que o impediria de desenhar a identidade reflexionante de seu próprio eu, se a arte não o modelasse como Madame Satã. Sem esse disfarce, sem essa fantasia, ele só poderia arranhar-se no percurso da vida, como giz que se gasta num quadro negro transformando-se em linha tortuosa. Explode qualquer barreira que resiste a seu vir a estar dilacerado, assim como está sempre se explodindo a si mesmo. Mas, se a raiva é a via privilegiada de contato com o mundo, igualmente vem a ser o elo que o liga a outros raivosos, idênticos a ele, tanto na raiva quanto na carência de ligações. Se somente encontra sua primeira identidade espelhando-se na identidade quebrada do outro, disso deriva que participa de uma relação, particularmente no caso das relações amorosas, quando puder maltratar o outro, se possível violentando-o na carne. Deve enganar e fazer sofrer para criar uma unidade subjetiva por meio da negação, mas nesse processo descobre a ternura de sua infantilidade.

Os amores permissíveis se baseiam, assim, na desconfiança, na recusa deles mesmos, nunca brotando de uma paixão ou fazendo parte de projeto maior. Daí o homossexualismo nascer dessa carência de si, só restando a João amar bandidos como ele, criaturas inacabadas como as crianças que adota ou a mulher diante da qual ele se infantiliza. Arma-se, pois, um jogo brutal de egos que se negam e, desse modo, se revelam a si mesmos numa ternura carente de si. Cabe assinalar aqui o admirável trabalho de Lázaro Ramos, capaz de exprimir em todo o seu corpo a crueldade agressiva do bandido e, quase ao mesmo tempo, a ternura como pausa nessa constante luta contra si.

Este jogo de espelhos quebrados levaria ao desastre se ele mesmo não se espelhasse na arte de Madame Satã. João se salva na medida em que imita artistas e encena sua feminilidade, em que transforma sua violência naquela interpretação do canto que revela o inesperado. O filme de Karim Aïnouz descreve esse percurso que desemboca na sublimação pela arte e no sucesso mundano, ainda quando este poderia ou não acontecer, quando continua a espelhar uma forma de violência amorosa que não se esgota num limite, seja a integração pelo sucesso, seja a queda na mera criminalidade. Enquanto o sucesso se mantém como sonho possível, a vida não se mascara, não se converte numa identidade idealizada a ocultar sua determinação de percurso rico de aventuras. Do mesmo modo, a violência vale antes de tudo como ambiguidade, colocando fora de seu horizonte quer o limite trágico – a aceitação de uma culpa ancestral –, quer o absoluto pela santificação do mal.

Mas no seio da contração entre violência e ternura reside a possibilidade de exprimir essa violência como ato de criação de si mesma, de aceitação, de querê-la como forma de retirar do outro seu modo de apresentar-se disfarçado. Satã imita a artista a quem serve e os cantores da época até encontrar seu próprio estilo como imitação de seu lado feminino e grosseiro. O dilaceramento da contradição, momento insuportável em que o ser humano se percebe como vivente sendo para a morte, é superado pelo exercício da arte como passo da vida do espírito. Desse novo ponto de vista, as infrações se convertem em bizarrias de uma personalidade célebre. O negativo se integra e se transforma em momento passageiro de uma história, de uma biografia.

É notável que essa sublimação pela arte desapareça inteiramente na entrevista que o próprio Satã concede ao *Pasquim*, publicada em 29 de abril de 1971. Paulo Francis o apresenta como uma espécie de *gunfighter* da Lagoa, fechando bares e enfrentando a polícia, enchendo de pavor particularmente as crianças; mostra um malandro violento e homossexual assumido, mas estavelmente casado e cheio de filhos adotivos. Nenhuma alusão à carreira artística, a não ser os prêmios que recebe nos desfiles carnavalescos, o primeiro, em 1938, no bloco Caçador de Veados, que lhe valeu o apelido, até o último, em 1941. O que importa, escreve o jornalista, é que Satã se aceita como é, que represente "a verdadeira contracultura brasileira", que recuse padrões externos, para fazer emergir "deste asfalto, deste clima, deste sagu cultural" sua autenticidade.

Expurgada dos cacoetes da época, a entrevista é lição de malandragem, particularmente da parte do entrevistado. Não creio que Satã queira se pôr em estória, como diziam os cronistas medievais. Apenas narra, para uma imprensa que se pensa marginal, uma versão de seu próprio mito, adequada ao caso, expurgando-a, por conseguinte, de qualquer contradição. Esta deixa de ser vivida para se resumir ao confronto de sentidos, nascendo da diferença de ângulo assumido por cada narrador de um evento. E tudo se resume a diferentes pontos de vista, na medida em que toda nota característica de uma ação resvala para sua sombra. Satã não mata, apenas deixa disparar a arma, que abre um buraco no corpo pelo qual se infiltra o desígnio de Deus.

No final das contas, quem é o responsável pela morte? Não diz palavras obscenas, não briga, o que não o impede de confessar seu gosto de brigar, nunca, porém, contra um civil. Brigar com a polícia não é briga e, no fundo, se apresenta como herói lutando contra a opressão policial. Por fim, retira de seu homossexualismo qualquer traço de violência e de marginalidade, sente-se macho gostando de garotos, a ponto de se viciar na pederastia, mas no fundo tudo se passa segundo as inversões costumeiras durante o Carnaval, por certo com algum exagero.

É homem casado, com seis filhos adotados, que se diz pederasta e normal: recusa-se a manifestar qualquer sentimento íntimo, o que resta são práticas a serem consideradas como se estivessem desfilando num bloco carnavalesco. Vive seu apelido e sua fantasia até o fim, de sorte que nunca é responsável a não ser por sua própria inteireza de camaleão, por aquela identidade que se forma pela recusa de qualquer determinação, suceder de imagens que são dele porque ele e os outros as assumem. Nessas condições, não há sublimação pela arte, apenas isenção pelo artifício, não há história, mas dialética da malandragem.

Quem foi João que respondia pelo nome de Satã? Para a arte isso não importa, seja ela o filme, seja a versão do mito. Nesse plano, trata-se da mesma pessoa ou de máscaras diferentes tratando de captar diferenças e semelhanças? O filme e a entrevista representam personagens que dizem suas verdades, o primeiro instalando um mundo mais rico do que a segunda.

19.1.2003

O falso Vermeer

O livro *Eu fui Vermeer*, do jornalista Frank Wynne[7], conta a história de Han van Meegeren, extraordinário falsário que imitava pintores do século XVII, particularmente Johannes Vermeer. Em 1945, Van Meegeren foi acusado de ter colaborado com os alemães, pois vendera um Vermeer ao marechal Göring e, assim, teria alienado uma joia do patrimônio nacional. Para se safar dessa acusação, confessou ter fabricado o quadro, assim como outros tantos de pintores da época. De acusado passou a herói, cuja façanha foi ter enganado um dos colaboradores mais próximos de Hitler. Não teve tempo de cumprir a leve pena que lhe foi imposta, pois o ilustre vigarista, beberrão e mulherengo, logo morreu de um fulminante infarto.

O livro me despertou uma velha paixão. Vermeer é um de meus pintores preferidos. Há mais de cinquenta anos percorro os museus em busca de seus quadros – são apenas 35 aqueles cuja autoria está definitivamente assentada – e sou obrigado a confessar que meu mouse percorre detalhes da *Vista de Delft*. Essa história da falsificação levanta problemas estéticos de enorme interesse. Onde está a linha separando um quadro autêntico de uma imitação que engana quase todo mundo? Vermeer, em particular, estimula a falsificação. O século XVIII o ignorou, e somente a partir da segunda metade do século XIX é que voltou a ser reconhecido. Sua obra precisou então

---

7 Wynne, Frank. *Eu fui Vermeer*. São Paulo: Companhia das Letras, 2008.

ser reconstruída, separada de outros trabalhos que compartilhavam da mesma atmosfera e de gramáticas semelhantes. Uma coisa é o personagem Johannes Vermeer (ou Van der Meer), outra é sua obra. Onde reside, porém, o limite entre o quadro autêntico e o quadro tomado como tal?

O falsário Van Meegeren foi de uma astúcia insuperável. Sabendo que os historiadores da arte haviam detectado um vácuo na carreira de Vermeer, entre o primeiro período, aquele que ainda está sob a longínqua influência de Caravaggio, e o último, quando toda sua obra se articula sob um mesmo projeto de transformação da luz, pintou um quadro que taparia essa lacuna. Tomou um tema tradicional da época, os peregrinos de Emaús, aquela passagem da *Bíblia* em que Cristo, depois de morto, volta a conviver com os discípulos até o momento em que eles o reconhecem. Não fez uma colagem de figuras conhecidas, apenas uma ou outra alusão a elas, e construiu um quadro cuja forma e cuja técnica poderiam ter sido desenvolvidas por Vermeer. Os críticos adoraram, a peça confirmava suas teorias e o quadro se tornou uma das joias do museu Boijmans. Formaram-se filas para contemplar a última descoberta do tesouro nacional.

Do ponto de vista do quadro e de toda a obra do pintor, o que importa que Emaús tenha sido pintado por outro personagem? Por certo a autenticidade interessa aos compradores, que por ela se orientam quando formam seus preços. Mas o mercado atual ainda está ligado a uma ideia romântica do produtor de arte, que seria um gênio insubstituível, fabricando peças únicas que ninguém poderia imitar na perfeição.

Em contrapartida, na Roma Antiga, as cópias dos grandes escultores gregos circulavam de mão em mão a preços astronômicos, disputadas pelos senadores romanos, que com elas queriam adornar suas vilas. E mesmo Rodin assinava obras que provinham de seus maiores discípulos. Pertence à coleção do Museu de Arte de São Paulo (Masp) um lindo retrato do jovem Rembrandt cuja autenticidade não foi reconhecida pelos críticos responsáveis pelo catálogo definitivo da obra desse pintor. Sempre o admirei como um autorretrato. Se de fato não é um trabalho maior, nele reconheço a mesma gramática que estrutura outras obras de Rembrandt. E aqui está o ponto nevrálgico da questão: o que define a obra de um artista não é a mão que a pintou, mas a forma pela qual ela estrutura suas partes, seus momentos, conferindo-lhe múltiplos sentidos. Forma que vai configurar outros trabalhos do pintor e de seus próximos discípulos.

Uma grande obra é momento de uma linhagem. Esse princípio foi desenvolvido nas grandes exposições, nas bienais e na Documenta. O curador se colocou como artista, fez da exposição sua obra. Com isso, abriu o espaço para que produzisse uma falsa exposição. O que vemos hoje no parque Ibirapuera não é uma falsa Bienal? Ora, tenho insistido que é neste jogo do belo e do feio, do bom e do mau trabalho, que se arma uma gramática, forma de conferir sentido ao que lemos numa obra. No entanto, essa gramática é aberta, não se fecha sobre si mesma, mas constitui uma racionalidade parcial que incentiva o dizer. Não é à toa que, ao vermos um grande quadro, temos vontade de puxar o espectador ao lado e fazer com que ele veja também as simpatias entre os pormenores que estamos a descobrir. E, mesmo quando nos fechamos em nossa solidão, conversamos conosco para que o visto assuma um modo de objetividade que vá além do dado meramente percebido.

    Desse ponto de vista, a fala do espectador faz parte da contemplação do belo, configura a passagem do percebido à reflexão estética que ajuda a obra a se tornar realidade intersubjetiva. Esse dizer, por certo, se diversifica e até mesmo se contradiz. Uns elogiam o quadro, outros o desprezam, mas todos passam a falar dele de tal modo que se torna válido. Sabemos que os museus estão cheios de peças cuja autenticidade é duvidosa, assinadas por falsas assinaturas. Mas a falsidade do falsário não afeta o jogo do qual passamos a participar, tão logo aprendemos a visitar museus e galerias, a viver no seio da arte, a julgar o belo e o feio, a diferenciar o grande trabalho do medíocre. Mas, se nada assegura que minha avaliação seja a mesma de meu vizinho, mesmo que a contradiga, ambos passamos a participar de uma mesma forma de vida.

7.12.2008

O imbróglio do sentido

Meu fascínio pela pintura sempre foi acompanhado pela enorme curiosidade em saber o que um quadro significa. Bem sei que não vou descobrir a essência da pintura, mas me contentaria se encontrasse uma semelhança ligando várias obras, capaz de lhes dar sentido. Se me movo no elemento da pintura figurativa, sei que um quadro é sempre mais do que a imagem. Mas o que vem a ser esse "mais"?

Os primeiros homens deixaram nas cavernas o desenho de suas mãos. Bastava colocá-las sobre a parede e borrifá-las com um pigmento qualquer para que o contorno ficasse gravado a testemunhar uma existência de que talvez não se tenha outra notícia além desse traço marcado numa pedra, fóssil de um perfil e de um gesto. É a partir daí que começa o trabalho do pintor. No entanto, o pintor contemporâneo se move num mundo poluído de imagens, multimídia, onde se veem bebês dançando, falando ao telefone, anunciando como se fossem gente grande. Que sentido pode ter, nessas condições, a imagem que fossiliza um objeto ou um gesto?

Os antigos egípcios figuravam deuses anexando ao corpo humano a cabeça de falcão ou ao corpo do leão uma cabeça de mulher. A colagem testemunhava o sobrenatural, porquanto somente um visível recomposto possuía a virtude de ir além de uma natureza pensada como incapaz de transcender a si mesma. A imagem era algo que representava aquilo que não podia ser dito como algo naturalmente medrado. Quando isso foi possível, quando a *physis* passou a ser pensada como potência vinda a ser ato, os deuses puderam ser representados por figuras humanas. Não é sintomático que o Islã, ao afirmar, contra a Trindade cristã e a variação narrativa dos Evangelhos, a unicidade tanto de Deus quanto da palavra proferida por seu único profeta, tenha proibido o emprego das imagens? Um monoteísmo rigorosamente identitário haveria de ser expresso de uma só vez, recusando, assim, a indeterminação do imageado. No entanto, a palavra do profeta trai, necessita da metáfora para exprimir sub-repticiamente os múltiplos sentidos da divindade.

Neste mundo de imagem em que estamos mergulhados, a distorção feita pela imagem pictórica se torna ainda mais enigmática. Além de imitar, por meio de um artifício, a transcendência da natureza, a imagem também precisa se haver com o significado oculto de uma segunda natureza, quando um número muito grande de objetos passa a ser imagem.

Não há dúvida de que não existe natureza em si. A pintura de uma paisagem sugere casas e caminhos, assinalando determinados hábitos do morar e do caminhar. Quando, porém, se vive num mundo povoado de objetos tecnológicos, os sentidos deles se entranham de tal modo que entre a primeira e a segunda natureza ocorre um salto de qualidade, visto que essa última se forma pelo cruzamento de planos naturais com outros planos, cuja artificialidade provém da aplicação das ciências, de um conhecimento objetivado. Sob esse aspecto nos tornamos, de certo modo, politeístas. Até mesmo as figuras públicas nas quais acreditamos se apresentam como ícones, habitando um Olimpo cinematográfico para onde endereçamos nossos anseios cotidianos.

Como funciona hoje em dia a artificialidade da composição pictórica? Também é construída a imagem do triângulo que se desenha sobre a folha de papel. Mas, quando se faz geometria, o traçado, na sua concretude, exemplifica de maneira distorcida propriedades do conceito triângulo. Para que se possa demonstrar uma propriedade desse conceito, é preciso descartar as propriedades visíveis da figura, ater-se a certas relações entre os lados e os ângulos, por exemplo, desprezando as singularidades do fato. E, quando se empresta ao triângulo imageado uma visibilidade superior àquela da imagem visível, quando é mero *eidos*, convém expulsar os artistas de uma república bem-conceituada. Platão que o diga.

A artificialidade de qualquer imagem pictórica sublinha, em contrapartida, o aspecto representante dela em prejuízo do representado. Importam as características visíveis dessa imagem na qualidade de signo. Mas como funciona esse signo? Resume-se a criar entre as partes de um quadro um sistema de remissões do mesmo tipo da relação que uma faca, disposta na mesa, tece com o garfo e a colher? A análise de um quadro haveria de se ater, sobretudo, à lógica de sua visibilidade, à maneira como o espírito se torna presente para o olho.

Esse tem sido o caminho preferido pela estética contemporânea, a tal ponto que Giulio Carlo Argan[8], numa brilhante apresentação da obra de Giorgio Morandi, afirma sem rebuços que ela somente pode ser interpretada numa chave fenomenológica. O pintor, diz ele, não parte de uma forma dada, de um sentido

---

8 Argan, Giulio Carlo. *Arte moderna*. São Paulo: Companhia das Letras, 1992.

predeterminado da linha, do volume, da tonalidade, pois o fim do processo não resulta num espaço teórico, mas num espaço concreto onde se vê uma substância física, a densidade maior ou menor da matéria. A linha não é, pois, o limite da coisa, mas o limite e a mediação entre valores tonais comunicantes; o volume não é o relevo obtido pelo claro/escuro, mas a distância calibrada entre planos coloridos etc. Segue-se que tudo é relação se determinando no curso da experiência da pintura.

Não duvido que a obra de Morandi, como a de tantos outros pintores, coloque problemas fenomenológicos, mas a fenomenologia bastaria para explicá-la? Essa é a pergunta, inspirada em Wittgenstein, que faria a Argan. E, para tentar respondê-la, preciso mergulhar num exemplo. Tive a oportunidade de visitar, no Museu de Arte Moderna de Paris, uma exposição intitulada *Dans l'écart du réel*, que selecionava trabalhos de Morandi executados entre 1940 e 1960. Mostrava *in concreto* como sua obra se articula como uma fuga: dado o tema, seguem-se variações. Sendo esse pintor suficientemente conhecido no Brasil, tendo sido essa mesma exposição analisada em outros jornais, permito-me descrever qual foi então "minha experiência vivida".

Logo na entrada, deparei-me com uma de suas primeiras telas (1918), testemunho de suas ligações com De Chirico, mas que também me invocou Picabia, pois combina objetos mecânicos. Estava ali para sublinhar a distância que se abre entre essa composição, resultante do cruzamento de planos e figuras se desenvolvendo no interior de uma caixa figurada, portanto construção de um espaço geométrico lembrando o vazio metafísico, e aqueles outros quadros afigurando garrafas, potes e pequenas caixas, que, de tanto serem repetidos, se tornam familiares como qualquer objeto do mundo cotidiano. Com uma enorme diferença: enquanto os objetos à mão constituem pontos de passagem a indicar comportamentos – a cadeira sugere o sentar etc. –, as figuras das garrafas desde logo congelam e escondem o guardar e o derramar, ocultam o gesto real para sublinhar diversas nuanças no ver o mesmo representado.

Ao contrário dos artistas realistas, Morandi retira da garrafa seu rótulo e outras características capazes de individualizá-la como objeto do mundo para se fixar primeiramente na singularidade de sua mera presença plástica. Sabemos que, para isso, pintava a própria garrafa, revestindo-a de pó ou enchendo-a de tinta. No entanto, a disposição dos quadros na mostra me empurrava para outros quadros antes mesmo de terminar o exame daquele diante do qual me postara. A repetição da mesma garrafa impunha ao olhar um ritmo que se cunhava nas telas, mas de tal modo que a reiteração da imagem tinha o efeito de obliterar sua relação com a garrafa denotada. Não é o que acontece quando se repete obstinadamente a mesma palavra, que assim perde seu significado?

Essa dança do olhar era interrompida por pausas que me levavam a mergulhar numa tela ali presente. Descobria, então, um espaço que se corporificava, por exemplo, graças à junção de dois planos, distintos, sobretudo, pela diferença no matiz da mesma cor, limitados pelo retângulo da mesa suportando a célebre garrafa canelada, tendo ao lado potes e tigelas familiares. O olho se detinha nos diferentes perfis, nas diferentes tonalidades dos objetos pintados de branco, como se agora eu os estivesse vendo através de óculos. E trocando de óculos o quadro se compunha pela soma de películas diferentes. Nesse momento, de fato, era um espaço que se mostrava pelos planos molhados de cores nebulosas, densas de tonalidades apenas sugeridas, singularizando objetos que às vezes se fundiam um no outro, mas que exibiam sua identidade na disposição que passavam a ocupar nessa coreografia.

O quadro ao lado, porém, me puxava para mostrar como a mesma garrafa, o mesmo pote e as duas tigelas agora se dispunham de maneira diferente na mesma mesa, vista, porém, de outro ângulo, contra um fundo cinzento sem outro relevo além daquele constituído por sua cor. E, assim, de quadro em quadro, na medida em que os mesmos objetos eram apresentados sob aspectos diferentes, fossem neles mesmos, fossem no seu relacionamento com os outros, cada imagem passava a ser investida de suas combinações possíveis. Na diversidade de suas diversas presenças visíveis, os múltiplos aspectos do mesmo transformavam a mesmidade dele no feixe de suas relações virtuais. A imagem de algo, o sinal do mesmo, conforme vinha a carregar em si a virtualidade de suas combinações possíveis, constituía-se como elemento de uma sintaxe formada por aqueles objetos que se apresentavam no cruzamento de suas possibilidades de vínculo.

Não há dúvida de que em cada tela um objeto exibe sua individualidade densa. Cada imagem da mesma garrafa consiste numa figura que se contém a si mesma no seio do dispositivo que a contém. Consiste numa singularidade muito distante da exposição de um conceito, de um universal indiferente, na medida em que a imagem é apenas o caso de uma regra.

Sua presença de garrafa singular difere, pois, daquele traçado que representa o triângulo, porquanto está prenhe de matéria visível, contida no seu contorno, mas igualmente matéria que se individualiza mediante as diferenças com as matérias de outros corpos. Mas, de outro lado, essa mesma imagem, graças ao trabalho da memória e da imaginação a nela depositar seus modos já vistos no passado e a serem vistos no futuro, é parte de um jogo de linguagem não verbal. A garrafa sai desse quadro e se dá como elemento da linguagem de Morandi, sinal se transformando em signo, ao lado de outros objetos igualmente providos de suas possibilidades de vínculo, criando um mundo, o mundo do pintor Morandi.

Em contraposição ao futurismo, a pintura de Morandi é um libelo contra a segunda natureza, cria sua própria linguagem, na qual os objetos assumem valores na medida em que se negam como objetos tecnológicos. O bebê se comportando no *outdoor* como adulto enaltece as virtudes da informática, as imagens plásticas de Morandi nos ensinam uma técnica para olhar imagens como fontes de intimidades.

Essa transformação do sinal em signo a análise fenomenológica não pode apreender, na medida em que se atém a valores visíveis e deixa de lado a universalidade deles enquanto elementos de quadros possíveis. A linguagem de um pintor é mais rica do que um sistema de referências do tipo daquelas que o garfo tem com a faca, referências noemáticas, como se diz na linguagem da fenomenologia, porquanto uma garrafa de Morandi se reporta ao pote e à tigela também de Morandi, vale dizer, aos trabalhos que ele pode criar.

Consigo admirar Morandi quando entendo sua técnica de apresentar objetos de seu mundo. O pintor é seu mundo. Mas, se isso é verdade, compreendo desde logo que um quadro não é belo em si mesmo. Vejo sua beleza quando aprendo um estilo, um código, mas também quando aprendo a ver como esse estilo é deformado para apresentar certas virtualidades, capazes de determinar este ou aquele quadro, diferentes, contudo, do código estabilizado. Somente assim é linguagem, capacidade de dizer o novo. Com as devidas ressalvas, porquanto o jogo de linguagem de um pintor abre espaço para seu falsário.

2.7.2006, publicado com o título "O eterno retorno da arte"

Pintura e crise

História da arte italiana, de Giulio Carlo Argan (1909-92), é um monumento que a editora Cosac Naify fez traduzir e acabou de publicar com o máximo carinho. Trata-se de uma obra oceânica e peninsular, que descreve o curso e as vicissitudes da arte italiana desde suas primeiras manifestações até a presente crise. Mas o que impressiona nesse livro não é tanto sua abrangência – que noutros casos seria sinal de irresponsabilidade e arrogância –, mas o entrelaçamento de uma compreensão geral da história com uma análise rica e minuciosa de cada obra.

Obviamente, a essa visão panorâmica correspondem marcos teóricos igualmente amplos, inspirados, sobretudo, na fenomenologia, corrente filosófica que influenciou sobremaneira o pensamento europeu do século XX. Já que um método se avalia por seus melhores resultados, os escritos de Argan apresentam ocasião excepcional para refletir sobre as vantagens e os limites da fenomenologia ao tratar da história da arte e da experiência estética.

A própria fenomenologia, aliás, se preparou para essa tarefa, moldando seus conceitos de modo a que se tornassem cada vez mais adequados à descrição do belo. Basta lembrar que Edmund Husserl, filósofo que inaugura esse movimento, começou estudando conceitos aritméticos e lógicos para terminar se dedicando à análise da gênese desses conceitos a partir das experiências cotidianas. Se a experiência é ela mesma travada por formas experimentais, a saber, *a priori* materiais, fica aberto o caminho para se pensar a obra de arte como forma individualizada.

Nessa trilha, Argan considera os objetos artísticos a partir do modo pelo qual qualificam o mundo da vida e são qualificados por ele. Por isso a arte passa a ser pensada como parte constitutiva da cidade, mundo por excelência da vida do homem ocidental; cada obra testemunhando um projeto que, distanciando-se do trabalho do artesão, exprime o sistema de produção material e intelectual de uma determinada época histórica. A obra é coisa bela e expressão; no museu, um conjunto delas configura um momento da história da arte, mas nele igualmente se dá a primeira abstração e a traição que essas obras sofrem ao perderem seus lugares histórico-naturais.

Nos últimos tempos, entretanto, as cidades estão sendo substituídas por metrópoles, por aglomerados onde as pessoas se atomizam e se perdem na massa, deixando, por fim, de ser protagonistas da história. Se a teoria da história, sempre atenta às diferenças, continua situando cada obra no seu contexto, não é por isso, todavia, que deixa de perceber que se altera o estatuto do próprio objeto artístico. Se este continua carregando um valor espiritual intrínseco que o impulsiona para além de si mesmo, a partir do momento em que passa a girar nos circuitos do mercado e da técnica, tende a ver seu valor expressivo cada vez mais submetido a seu valor de coisa.

No seu livro *Arte e cidade,* Argan escreve: "Dá-se encerrado o ciclo da civilização em que a ação histórica constituía o modelo supremo do agir humano; anuncia-se o princípio de um novo ciclo, no qual o modelo será a técnica, como momento pragmático da ciência. A história, enfim, deveria transformar-se em ciência antropológica".[9] E, logo em seguida, uma frase muito significativa: "A noção global da fenomenologia da arte que a cultura moderna possui de fato esvaziou e tornou vão o conceito de arte, e a história da arte, como a história de 'poéticas', tomou o lugar da estética, já eliminada do rol das disciplinas filosóficas".[10]

O mundo contemporâneo entrou em crise porque perdeu aquela integridade totalizante que ligava o agir do ser humano à expressão desse ser na qualidade de instaurador da arte. Este foge do passado para se agarrar à contemporaneidade fria, substitui a linguagem histórica por uma linguagem cheia de fórmulas e tecnocientífica, assiste ao colapso daquela liberdade do pensar e do agir, que, para lá da verificação objetiva e da dependência lógica do efeito em relação à causa, fundamentava a ordem moral da interpretação, do juízo e da escolha. Como sempre acontece com os fenomenólogos, a análise da crise do mundo contemporâneo termina se expressando como crise das ciências e da razão.

Percebe-se o quanto Argan, fantástico analista dos objetos artísticos criados na tradição italiana, capaz de pensá-los inseridos nas cidades, uma das quais, Roma, ele até mesmo soube comandar como prefeito, continua se curvando a uma visão romântica da história e do desenvolvimento da ciência ocidental. O esquema dessa visão é conhecido: já que a massificação atomiza o ser humano e sua razão, o Ocidente e a ciência entram em crise e ficam à espera

---

9 Argan, Giulio Carlo. *Arte e cidade*. São Paulo: Martins Editora, 2005, p. 16.
10 *Op. cit.*, p. 18.

do "juízo" final, seja da razão recriando-se numa nova totalidade, seja da revolução inaugural.

Não há dúvida de que as relações humanas e suas obras postas em sistemas parecem ter perdido aquele espaço de reflexão que as levavam ao pensamento de si e, por isso, soçobraram nas águas metálicas das técnicas, do trabalho monótono e da razão alienada. Mas é isso que revela o estudo da evolução dos conceitos científicos? Não são eles tanto fechamento de questões antigas como abertura para novos problemas? Além do mais, não vejo por que se deve pôr em paralelo a crise da razão e a crise do capital. Parece-me que a primeira simplesmente liberou a teoria da psicose totalizante, abrindo caminho para um pensamento que abandona o projeto de encontrar a determinação completa das coisas e das ações; a segunda, contudo, convive com uma contradição, no seu plano, insuperável, entre a criação da riqueza e o aumento da miséria em todas as partes do globo.

Não vejo como é possível pensar a crise do capital, desse modo de produzir riqueza social que se põe como fim em si mesmo, nos termos de uma razão técnica que tem a liberdade de escolher meios para a consecução de um fim dado. Não é racionalização irracional a riqueza dever crescer simplesmente por crescer, a despeito de se concentrar desmesuradamente e excluir dela a maioria dos seres humanos, que, desempregados ou subempregados, deixam de exercer o direito de viver? A crítica fenomenológica do capital se atém ao modelo fordista da divisão social do trabalho e não soube antever o funcionamento do capital numa sociedade de informação.

Acresce ainda que a fenomenologia tem dificuldade em pensar um todo que se dá como um fim em si mesmo alienado, prestes a explodir em todas as direções. Isso porque, na análise das relações humanas, precisa distinguir, de um lado, o trabalho, o processo de escolha e efetivação de meios para lograr um fim dado, e, de outro, o agir como instauração de um campo de liberdade. Considera o ato de trabalho antes de tudo ancorado no relacionamento do ser humano com a natureza, menosprezando a relação homem a homem mediada por objetos-signos na qual ele se insere necessariamente.

Não é o momento de reexaminar essa questão, mas basta lembrar como o trabalho incide num aparelho moderno: sendo este muito mais do que coisa, já que só funciona ligado a diversos sistemas, como novo objeto de trabalho exige que o ato seja muito mais escolha inteligente do que fria manipulação para chegar a um fim dado. Martelar é muito diferente do que operar um objeto técnico. O primeiro ato isola o agente dos outros; o segundo, até mesmo pressionar um botão, o liga a uma rede de sistemas entrelaçados. Por isso nosso trabalho, aliás, como nosso mundo da vida, tanto se move num terreno cinzento que alimenta significados de nossas linguagens quanto se entrelaça à rede de sistemas gramaticalmente determinados. Se o ato de trabalho somente ganha sentido ao ser levado pela gramática do capital, não é no plano dessa gramática que a crise há de ser pensada?

Argan não está imune à ideologia de seu tempo. Não há dúvida de que toma o valor estético sendo gerado no diálogo entre a produção da obra e a avaliação estética, de que sempre procura significados culturais, mas, em virtude de seu pressuposto fenomenológico, esses significados são valores desprovidos de uma gramática, na medida em que se dão apenas como modo de aparecer. Nunca um modo de conduzir o olhar que se submete a regras elas mesmas criadas no ato de apreciar e avaliar. A busca é sempre do invisível no visível, muito diferente da procura de certa necessidade entre as partes de um quadro ou de uma série deles. No fundo, a noção de harmonia das formas substitui a ideia de uma forma muito específica de linguagem perpassando as obras.

Leia-se, por exemplo, o que Argan diz de Morandi, no livro *Arte moderna*, que finaliza os três volumes agora publicados da *História da arte italiana*. Para ele, Morandi é um caso clássico da impossibilidade de se ver um pintor a não ser de um ponto de vista fenomenológico. O que, a meu ver, perde essa descrição? Considerar, por exemplo, o efeito da repetição da mesma imagem que, de tanto aparecer mudando de aspecto, se converte num signo de vínculos passados, presentes e futuros. Não é assim que se configura como expressão do mundo de Morandi? É como se uma linguagem emergisse da série de quadros e um mundo particular esgueirasse por ela. Ora, essa quase linguagem emergente, que alinhava as partes da obra numa certa necessidade, não se abre para além do conhecimento constituído, na medida em que ela, se de um lado, fecha o sistema desenhado pelo estilo, de outro, igualmente se abre para dizer o novo? Além de coisa e valor, não é a obra de arte igualmente exemplo de um jogo de linguagem, de processo de racionalizar, que explode além de si mesmo?

Ao sublinhar a dimensão de conhecimento inerente a toda obra de arte e menosprezar o seu aspecto centrífugo, parece-me que Argan, assim como outros autores ligados à fenomenologia, deixa de lado a fabricação da necessidade que uma série de obras também empreende; necessidade que, por mais incrível que pareça, é o primeiro salto na busca de novos sentidos. Aqui, creio, está o ponto nevrálgico de meu desconforto. Mas só do ponto de vista de sua teoria da arte, da prosa que ele utiliza para explicar seu próprio trabalho de historiador, pois, quando passa para o corpo a corpo com as obras, o resultado é fascinante. No fundo, a noção de harmonia das formas substitui a ideia de uma forma muito específica de linguagem perpassando as obras.

Creio ser conveniente frisar essa diferença entre o que ele diz de seu trabalho e o que nós mesmos aprendemos ao ler seus escritos, pois só assim o sucesso desse aprendizado não esconde – ou até mesmo não passa a legitimar – esse paralelismo entre a crise da razão e a crise do capitalismo. Aliás, não demanda soluções diferentes.

A primeira, antes de tudo, ajuda a nos livrar da psicose da totalização, como se o conhecimento só fosse legítimo quando total; a segunda, em contrapartida, nos coloca o desafio de encontrar uma forma de produção social que, a despeito de se ancorar no mercado e no desenvolvimento tecnológico, seja capaz de se livrar desse processo louco do capital se totalizar como fim em si mesmo, em vez de satisfazer as necessidades humanas de modo equitativo. As tarefas são diferentes; as artes não se situariam melhor neste mundo se, em vez de se pensarem exclusivamente como conhecimento competindo com as ciências, também fossem pensadas como configuração do que está prestes a ser?

14.12.2003

Conjunturas

A questão do socialismo

O capitalismo avança por duas frentes. De um lado, modifica profundamente as relações do homem com a natureza, gerando extraordinário acúmulo de riqueza social; de outro, reparte mal essa riqueza, sendo incapaz de lidar com as injustiças sociais. Mesmo se for aceita a tese de que não cria miséria, os dados são suficientes para mostrar que não diminui a distância entre ricos e pobres. Como interpretar esse fato, matriz da demanda por justiça social?

Pode-se afirmar simplesmente que se trata de uma fase inicial do processo de fazer crescer o bolo para melhor reparti-lo posteriormente. Não há dados comprovando essa tendência, pelo contrário, nunca houve no mundo tanta riqueza ao lado de tanta miséria. A dificuldade reside em juntar esses dois aspectos na mesma interpretação. Vamos supor que bastasse garantir a livre concorrência de mercados cada vez mais complexos para que se configurasse a tendência de melhor repartir a riqueza criada. Não haveria, porém, meios de computá-la. Segundo o famoso teorema de Arrow-Debreu, sob certas condições razoáveis, todo mercado tende a formar preços de equilíbrio, mas com o tempo diminui a informação que o modelo fornece para calcular os novos preços equilibrados.

Em suma, aumenta o número de passos indecidíveis. Mas, se o aumento do grau de indeterminação de um sistema faz crescer seus pontos indecidíveis, como esperar que os agentes operando em mercados cada vez mais complexos possam sozinhos contribuir para uma melhor distribuição de renda? Esse resultado parece indicar que o problema da justiça social não pode ser colocado nesse nível, não pode ser equacionado por agentes "racionais" operando exclusivamente no espaço do mercado econômico.

Uma maneira de sair astuciosamente desse imbróglio é apelar para uma espécie de mercado político, de sorte que a mesma forma "racional" de agir do homem econômico passaria a ter vigência no plano da política, no qual se colocaria, então, o desafio de distribuir a riqueza social de maneira mais justa. Note-se, porém, que esse ponto de vista, se na verdade dá ênfase a um mercado independente e lhe atribui certo tipo de racionalidade a ser expandida para o resto dos fenômenos sociais, não o percebe como fenômeno econômico-político, ligado a uma forma historicamente datada de produção, instalando uma nova esfera social autônoma entre as unidades produtivas e o Estado. A essa esfera intermediária, a sociedade civil-burguesa, foi atribuída uma autonomia que tanto fascinou pensadores do século XIX. E sem ela, sem o pressuposto do capital como uma espécie de organismo funcionando por si mesmo, os projetos socialistas se resumiriam a falsas opiniões, a construções imaginárias sem referência alguma ao real.

No entanto, esses projetos serviram para instigar e coordenar movimentos revolucionários, criando fatos novos, interferindo no curso dos processos econômicos. Postos como simples opiniões, ideias expressas em textos e discursos, se apresentam sob os mais diversos aspectos. O historiador de ideias pode traçar o panorama de suas semelhanças e suas diferenças, de suas alianças e seus conflitos. Nada mais faz, no entanto, do que mapear opiniões. O historiador materialista, por sua vez, trata de ligar o perfil dessas ideias a determinados interesses, mostrar como os anarquistas representam anseios da pequena burguesia, enquanto os bolcheviques, aqueles do proletariado. Mas para isso precisa de uma lupa que revele a identidade de cada grupo de interesse como uma coisa social em si, antes de ser contaminada pela prática de seus representantes.

A ciência foi entendida como esse instrumento a que cada grupo político apela na luta ideológica contra seu opositor. O socialista científico aponta o lado utópico do pensamento de seus adversários, mas estes também retrucam na mesma moeda. Rotular uma tese científica serve para desqualificar de anticientífica a posição adversa. É inegável que dentre eles Marx é quem mais contribuiu para o desenvolvimento da teoria econômica de nossos dias. Em relação a ele, Proudhon, um dos maiores precursores do anarquismo, parece um anão. Mas, por sua vez, a economia contemporânea recusa como pura metafísica as teses econômicas que serviram para Marx coordenar sua atividade política. Descarta o lado crítico dessas categorias porque deixam de ser mensuráveis segundo os preceitos do método científico de nossos dias. Mas em política nada impede de acusar de burguesa e limitada a ciência dos países dominantes. Não é o que fizeram os soviéticos por tanto tempo?

Não há como sair dessas aporias sem que se recorra às práticas a que essas ideias, essas opiniões, estão ligadas. E no caso importam principalmente as práticas políticas. Vou admitir que a ação precede o pensamento, mas não é por isso que devo desde logo tomá-lo como consciência falsa ou verdadeira do que está acontecendo. Não seria melhor suspeitar de que a verdade estaria na ponta de um processo de ajuste? Dessa perspectiva cabe considerar as ideias daqueles que se identificam com socialistas conforme as práticas em que se envolvem, vale dizer, conforme o uso que fizeram delas no curso de sua história.

Visto que me é impossível acompanhar passo a passo esse curso, devo lançar mão de um expediente. Lembro que uma ideia política começa a ser prática quando consegue reunir pessoas num mesmo projeto. Em nome do socialismo, formaram-se clubes, ligas e tantas outras instituições postas a serviço de seu ideal, mas, sobretudo, revoluções foram feitas em seu nome. Não seria possível, então, selecionar em certos eventos signos relevantes, em vista dos quais os elementos do campo semântico prático da palavra "socialismo" passem a girar? Não seriam eles os marcos da inteligibilidade do fenômeno?

O primeiro deles me parece ser a fundação da Primeira Internacional, em 1864, com sede em Londres, que vem a ser o mais abrangente ponto de referência dos movimentos operários. Dessa data até sua morte, em 1876, esteve presente nos mais importantes movimentos revolucionários da Europa, infiltrando-se pela América e pela Ásia. Consistiu numa federação das mais diversas associações operárias que se comprometem com os princípios enunciados em seu estatuto. Seu artigo primeiro reza: "A associação se estabelece para criar um ponto central de ligação e de colaboração entre as sociedades operárias existentes nos diferentes países e aspirando ao mesmo objetivo, a saber, a proteção, o progresso e a completa emancipação da classe operária". Mas quais os meios adequados para emancipar essa classe? Essa pergunta estrategicamente fica fora do estatuto, que não poderia ser aceito se optasse pela conquista ou a abolição do poder político.

Do ponto de vista das opiniões, a Internacional é uma torre de Babel. Nela acodem remanescentes do movimento cartista inglês, adeptos de Owen, Blanqui, Cabet, Proudhon, Mazzini e outros. No início a influência de Marx é pequena, mas, à medida que cresce, consegue maioria para seu projeto de propor aos movimentos operários a conquista do poder político já montado pela burguesia a fim de pô-lo a serviço do proletariado. Com isso aumenta o atrito com os anarquistas, adeptos da destruição completa desse poder. Essa discórdia chega ao ápice na luta contra Mikhail Bakunin. Esse revolucionário russo, laureado por suas prisões e por suas aventuras, aglutina aqueles que viam na volúpia da destruição o primeiro ato para criar a nova sociedade, aquela da abundância e da liberdade.

Não é possível comparar a riqueza do pensamento de Marx com as ideias confusas e generosas de Bakunin. No entanto, nessa primeira fase do socialismo militante, o peso político de ambos se equipara. Por volta de 1870, mesmo depois de publicado o primeiro volume de sua obra gigantesca, *O capital*, Marx permanece praticamente desconhecido do grande público, principalmente inglês, a despeito de estar morando em Londres depois de vários anos. É à Comuna de Paris, de 1871, que ele deve o início de seu prestígio. A ela adere com muitas restrições, mas termina sendo colocado no furacão do debate sobre a maneira pela qual a classe operária deveria se comportar diante da política representativa burguesa.

Logo depois elabora a tese da ditadura do proletariado e conforma as bases do que viria a ser a linha predominante da política comunista dos anos posteriores. É de Pirro a vitória política que obtém sobre os anarquistas, pois, se consegue expulsar Bakunin da Internacional, provoca sua destruição. Mas a intensidade desse conflito serve para soldar as mais variadas visões do que poderia ser um regime socialista, na medida em que passam a ser consideradas em relação às propostas em conflito. Este é tão forte que desenha uma contradição, sendo que a vitória de uma das partes implicava o aniquilamento da outra. É de notar, porém, que a radical oposição dos meios e dos caminhos, se por certo continua visando a substituir a política pela administração racional das coisas, acaba esvaziando esse ideal, na medida em que o põe como algo indiferente aos processos de sua efetivação. Sob esse aspecto, marxismo e anarquismo são manifestações diferentes, mas complementares, da mesma negação da política como fenômeno social dotado de regras próprias.

A despeito de abrigar uma contradição que termina colocando em xeque a própria ideia de socialismo, a luta entre marxistas e anarquistas passa a redefinir o sentido das diversas teses socialistas. São pensadas, sobretudo, segundo a maneira pela qual se posicionam em relação a cada um dos polos. Desse modo, o socialismo vem a ser, nesse seu primeiro momento, uma técnica que, visando a criar uma sociedade de iguais, tende a negar o Estado burguês. Se faz política, é para se negar nessa condição, desconhecendo as regras do funcionamento do poder. Essa negação do socialismo como política, concebida, então, como purgatório do paraíso da abundância, permite que autores se identifiquem ou sejam identificados como socialistas, sem que seja questionada a natureza de suas práticas sociais. Cito dois exemplos.

Em 1895, Oscar Wilde escreve o ensaio "The Soul of Man Under Socialism" ("A alma do homem sob o socialismo"), em que acusa a propriedade privada, imoral e injusta, de ser responsável pelas misérias do mundo. Sua abolição permitiria ao Estado ocupar-se com o que vem a ser útil e ao indivíduo criar o que é belo, desenvolver a plenitude de suas potências. Mas essa estetização do individualismo depende do agitador, da ação corrosiva de personagens capazes de fazer ressaltar o lado infantil da humanidade, sua perfectibilidade que vai além da rebelião e almeja a paz da beleza. Trata-se, como já se percebe, de uma posição estética diante do mundo que abomina a política como tal.

Outro exemplo. Haveria maior inimigo do socialismo do que Nietzsche? Não o identifica com o espírito de rebanho? No parágrafo 473 de *Humano, demasiado humano*, escreve: "O socialismo é o fantasioso irmão mais jovem do quase decrépito despotismo, do qual quer ser herdeiro; suas aspirações são, portanto, no sentido mais profundo, reacionárias". No entanto, quando Rubens Rodrigues Filho traduz, para a coleção Os Pensadores, textos de Nietzsche excelentemente selecionados por Gérard Lebrun, ele acrescenta, refletindo o espírito da época (1974), um artigo do jovem Antonio Candido de Mello e Souza. Nele, o conselho nietzschiano "obtém a ti mesmo", que Gide pôs na boca do velho Egeu se dirigindo a seu filho Teseu, serve de mote para demonstrar o lado socialista da proposta de transmudar todos os valores, a importância da figura do peregrino, viajante sem rumo final, para recortar o figurino do homem novo vislumbrado pelo socialismo. A crítica ao espírito de rebanho fica obnubilada pela exaltação da individualidade autônoma que há de se colocar acima do bem e do mal.

O que valem essas reafirmações do socialismo? O esteticismo de Wilde está ligado a uma prática muito distante da Primeira Internacional, pois está na linhagem da *fabian society*, na qual militam G. B. Shaw e S. Webb: a republicação do texto de Antonio Candido, ao clima pós-1968. O que interessa, todavia, é mostrar como a significação da palavra "socialismo" altera seu aspecto conforme se liga a uma prática política determinada. Mas essa mudança de significado está sempre em estreita correlação com a maneira pela qual o próprio movimento que se diz socialista pensa sua relação com a política. Não é isso que a joga numa contradição sangrenta? Se marxismo e anarquismo forem apenas aproximados em vista de seus ideais libertários, da antevisão do homem pleno que superou a divisão do trabalho, perde-se a radical oposição dos meios propostos para atingir o limite da humanidade alienada. Mas não é a diferença desse caminhar aquilo que dá sentido diverso a um mesmo ideal, cujo conteúdo religioso é evidente? Não foi essa diferença que terminou destruindo a primeira associação internacional dos trabalhadores?

Retirando as lições dessa história, cabe, então, esmiuçar as diferentes concepções de política, tendo em vista as práticas que desencadeiam. E essas concepções se colam em decorrência de dois polos: de um lado, aquele que propõe a ditadura do proletariado, a abolição dos processos intermediários de representação, a superação da democracia burguesa; de outro, aquele que pretende destruir qualquer instância autônoma de poder. Ambos os lados, contudo, são levados pela mesma negação de qualquer política democrática ancorada num debate capaz de conduzir os adversários a uma identidade posta pela razão. Que sentido pode adquirir, então, o socialismo moderno quando se declara radicalmente democrático? E a palavra socialismo continuará ambígua enquanto ela não viver associada a uma efetiva configuração da prática política.

25.2.2001

A lógica ensandecida do terror

Que não me interpretem incorretamente: um terrorista, pego de armas na mão, deve ser abatido como animal, mas esse ato de legítima defesa retira dele qualquer humanidade? Por isso não pode ter alguma razão? Convém, pois, investigar se há uma lógica ensandecida de suas ações; mais ainda, se ela se entrelaça com a lógica de nossa própria sociabilidade, digamos, a da civilização ocidental, ou se a ela se contrapõe como sua negação absoluta. No primeiro caso, a lógica terrorista seria o avesso, levado ao limite, de certos traços de nossa sociedade; no segundo, mal cuja radicalidade vem de fora. É evidente que o modo de combater o terrorismo depende do lugar no qual é reconhecido e da matriz de sua perversidade.

É de notar, desde logo, que o terrorismo contemporâneo se distingue de outras formas do terror – do anarquismo do século XIX, por exemplo, quando grupos marginais ao sistema político tinham como objetivo assassinar líderes cujas mortes provocassem comoção nacional. O anarquismo estaria, por certo, mais próximo dos ativistas bascos, que, ainda que visando à população civil, anunciam previamente o ato a ser realizado.

O terror promovido pela Al Qaeda, entretanto, é diferente, pois é maciço, irrompe na vida cotidiana como catástrofe natural e se assemelha às guerras do século XX, no que concerne ao perigo por que faz passar, indiscriminadamente, a população civil. Daí ameaçar o espaço público na sua própria razão de ser, na sua função elementar de assegurar a sobrevivência física dos cidadãos. Já os contratualistas do século XVIII diziam que uma sociedade "policiada" – no nosso vocabulário, civilizada – haveria de ser regida por leis estáveis, capazes de providenciar a segurança de todos, isolando-os de qualquer inimigo mortífero. O terrorista contemporâneo, porém, mata os adversários porque os considera cidadãos de outro mundo, funcionando, assim, como espécie de hacker da política, capaz de intervir nos interstícios da vida cotidiana para negá-la por inteiro.

Convém prestar atenção em como nossas metrópoles, do ponto de vista da segurança, são muito diferentes, por exemplo, das cidades italianas pouco "policiadas" ou, melhor, pouco civilizadas da alta Idade Média. Nessa época, Florença era um paliteiro de torres, como se vê ainda hoje em San Gimignano, mas numa escala superior. Ao lado da casa do vizinho e adversário potencial, cada patrício tratava de construir outra mais alta, a fim de poder mais facilmente lançar-lhe flechas, pedras ou queimá-lo com óleo fervente. Para bloquear essa escalada para o alto e controlar a luta constante nas ruas, uma das medidas mais importantes tomadas pelo poder central foi impedir que se construíssem torres mais altas do que a do Palazzo Vecchio.

Se esta ainda hoje sobrevoa a cidade, logo percebemos que as torres foram substituídas por uma sofisticada rede de dispositivos reguladores das condutas, por uma teia de olhos eletrônicos vigilantes e, finalmente, por um sofisticado sistema repressivo que mistura vigilância e punição. Não é precisamente essa complexidade que cria pontos nevrálgicos, cuja fragilidade permite pequenas intervenções de grande efeito destrutivo? Não é neles que intervém o terrorista, fazendo com que as sofisticações da segunda natureza na qual convivemos se transformem em catástrofes semelhantes às erupções vulcânicas?

Daí ser possível que uma organização privada possa se contrapor eficazmente ao monopólio da violência legítima do Estado, que capitais privados e marginais possam se confrontar aos bilhões dos fundos públicos. Desse modo, são os próprios dispositivos encarregados de assegurar a unidade complexa da nova pólis, seja no plano da obediência às regras sociais, seja no plano da vigilância e da regulação dessas regras, que desenham as matrizes de sua negação. À medida que se tornam mais impessoais e se entrelaçam mediante redes de informação e aparelhos sofisticados, mais passam a ser suscetíveis de sofrer intervenções de cunho privado, pontuais, mas com o efeito de uma guerra que não mais opõe Estados a Estados.

Noutras palavras, as normas e suas condições de existência, responsáveis pela regulação do mundo cotidiano, articulam-se graças a mediadores técnicos e impessoais, cujas partes estão alinhavadas por elos criados pelo progresso das ciências; por conseguinte, são facilmente desatáveis pela cunha de um elemento mecânico, o que cria um poder de destruição maciça, pronto para ser utilizado, com o sinal negativo, por organizações marginais.

Não se convertem, então, em associações políticas, graças ao tamanho do impacto de suas ações criminosas? Na Florença do fim da Idade Média, o inimigo mais temido era o vizinho de rosto conhecido; nas metrópoles contemporâneas, ele se esconde em cada esquina, cuja iluminação pode ser cortada a qualquer momento.

Em vez de ser pessoa, ele se resume numa variável passível de assumir múltiplos valores, figura vagando no espaço, fantasma que um motorista francês alucinado atropela porque o identificou como Bin Laden.

Se o mundo cotidiano tecnologicamente sofisticado permite uma forma total de terrorismo, o capitalismo contemporâneo configura seu ator. Já na primeira metade do século passado, Émile Durkheim apontava a anomia das sociedades contemporâneas, em que as relações sociais tradicionais vêm a ser substituídas por relacionamentos *ad hoc*. Parece-me que, à medida que passam a ser mediadas por instrumentos tecnologicamente sofisticados, o agente se isola dos outros para enriquecer a si mesmo com elos virtuais.

Daí se conformar numa mônada capaz de refletir um mundo, mas inepta para enfrentar as vicissitudes de um relacionamento real, sempre cheio de surpresas e viscosidades. Além do mais, usualmente deve assalariar-se para poder sobreviver, convivendo, portanto, com as formas mais instáveis do trabalho contemporâneo, quando não há de enfrentar o desemprego e o desmoronamento de suas perspectivas de vida por causa da falência do Estado de Bem-Estar Social. Se, como querem alguns sociólogos, nossa sociedade é de risco, ela ainda me parece sem visgo, de tal modo livre do atrito normal às ações que cada ator, ao mesmo tempo que tende a se refugiar no seu próprio narcisismo, é virtualmente explosivo nas suas formas de intervenção social.

Cada sociedade combina a seu modo a dualidade do ser humano – alma e corpo, razão e paixão, transcendência e imanência, sejam quais forem os nomes dados a esses polos. Na contemporânea, parece-me que as normas tendem a ser parâmetros confusos, como se todos fôssemos míopes dirigindo num trânsito caótico. Se os sinais são apenas sugeridos como num quadro impressionista, o recurso é pautar as ações pelos carros vizinhos, que, assim, se transformam em exemplos da boa conduta. Se nada é fixo, se tudo fibrila, cada caso tende a ser um caso e quase toda norma é adaptável e negociável, ladeada de uma auréola de sentidos imprecisos, por conseguinte mais próxima de nós e, por isso mesmo, mais fugidia. Em compensação, o outro tende a ser tanto virtual como exemplo do possível, já que nossa ação responde, sem lei, aos meandros de seu percurso.

Em situações imprecisas, a tendência não é, em vez de combinar da melhor maneira os vetores contraditórios, radicalizar apenas uma das faces do problema? É possível, no trânsito caótico coordenado por códigos impressionistas, seguir a norma cegamente, avançar de modo resoluto, como se o caminho fosse de gelo, e o outro, retrato do próprio ego. Esse novo ator não é quem chamamos de fanático? Talvez por aí comece a ser possível explicar por que, em vez do que previra Max Weber, no início do século XX, a sociedade se reencanta, muitos tendendo a ver deuses e diabos por todos os lados, a frequentar igrejas desde que lhes seja possível pular de uma para outra. Não é desse modo que a falta de visgo das relações contemporâneas vem a ser compensada por uma religião, religação imaginária, embora precária? O terrorista não parece, então, ser aquele que nega essa precariedade pelo martírio de si mesmo?

Se a crise não é das ciências ocidentais, mas das normas tácitas reguladoras da vida cotidiana, ainda é preciso considerar que o processo de globalização faz com que essa crise seja exportada do centro do sistema para a periferia. Convém tomar cautela com essa imagem, pois muitas vezes a periferia se encontra nos poros centrais do sistema capitalista global. Mas, se a fibrilação da norma ocorre mais intensamente onde aumentam os riscos e diminui o visgo, é na periferia que ela tende a se instalar, pois aí se cruza com a fragilização da economia e dos Estados nacionais – de um lado, o fluxo mais elementar que os homens mantêm com a natureza; de outro, o sistema público mais abrangente de vigilância dessas mesmas normas. A soma do fanatismo com a falta de esperança do homem periférico, excluído da norma e do consumo narcisista, não é uma das receitas do terror? Não é nessas condições que um jovem passa a seguir cegamente sua lei por meio do martírio?

Que não me atribuam mais do que pretendo, não estou propondo uma explicação do terrorismo nem dando a chave para entender as formas de violência vigentes em nosso cotidiano. Apenas procuro dissolver essa rígida oposição entre nós e o terrorista, como se de um lado residisse o bem, de outro, o mal, pois, se o terror veio para ficar, como dizem, por longo tempo, não é porque, sob algum aspecto, é a sombra de nós mesmos?

4.4.2004

A ocultação do real

O ataque terrorista às torres do World Trade Center nos fez sentir na pele o horror provocado pelo ataque indiscriminado à população civil. Os filmes de ficção científica nos acostumaram a cenas imaginadas de destruição, mas, precisamente por serem imaginadas, serviam como unicórnios e sacis-pererês capazes de configurar nossos medos e angústias, permitindo, assim, que deles nos livrássemos. No entanto, ao ver o coração de Nova York ferido, pensei que o inconcebível poderia acontecer. O mundo de nossas possibilidades reais não foi além de seus limites estabelecidos? Não foi o que se deu também com o saque de Roma por Alarico? Não sugeriu esse acontecimento a santo Agostinho a ideia de uma cidade de Deus? A ira não deve obscurecer a necessidade de ampliarmos nossa capacidade de refletir.

Declarou-se guerra ao terror. O que vem a ser essa nova guerra que se trava nos limites do mundo conhecido? Sabemos de longa data que as cenas de guerra vêm camufladas. Depois da experiência do Vietnã, as Forças Armadas norte-americanas trataram de controlar a notícia, evitando o contato direto dos jornalistas com o campo de batalha. As imagens do último desastre foram maquiadas para evitar que se vissem pessoas se precipitando no vazio, membros despedaçados, rostos desfigurados pela dor. Tudo é feito para reforçar o maniqueísmo, diabolizar o inimigo, em suma, reforçar a retórica dos políticos no seu papel de convocar todos para que não poupem suor e lágrimas até a vitória.

No entanto, tudo isso não determina completamente o inimigo, apenas embaralha os dados requeridos para que se possa demarcar onde se esconde o perigo. Embora nos vejamos diante do dever de apoiar uma das partes, cabe-nos ainda sopesar as duas faces do conflito, procurar entender o sentido da guerra, como dá continuidade a um jogo político que, exaurindo seus limites, é levado a operar segundo a aposta do tudo ou nada, como negação da própria política.

Até que ponto, então, essa guerra ainda é política? Não se resume ao combate de uma forma de vida contra outra, prestes a sufocar a própria vida? Restaura-se a antiga hipótese de que o conflito de classes e entre Estados teria sido substituído pela luta de morte entre civilizações antagônicas. Mas não se pensa a guerra desse modo, unicamente no plano de suas imagens, cuja visibilidade se tornou de tal forma fulgurante que impede o conceito. Donald Rumsfeld, secretário de Defesa dos Estados Unidos, acusa os inimigos de estarem "empenhados em negar a povos livres a oportunidade de viver como quiserem". Nada mais esdrúxulo, porém, do que imaginar que o simples fato da diferença de formas de vida levaria ao conflito. Não é preciso, para que a diferença se transforme em ódio, que uma das partes se sinta ameaçada até mesmo em sua possibilidade de existir?

Na medida em que a nova guerra não se resume num conflito entre Estados e nações cujas populações estariam postas em perigo, mas se exerce contra outro indeterminado e sem face, o perigo é resvalar para o plano em que o inimigo a colocou. Contra o terror, o Estado se converte em Estado terrorista. Emprestar ao inimigo o rosto de Bin Laden consiste apenas num primeiro passo para que, configurando-se um tipo de repressão, ele seja aplicado a outros casos. Se a guerra é contra o terror ameaçando uma forma de vida, vírus vindo de fora, o inimigo passa a ser um doente e tresloucado, que, situando-se além da condição humana, deve ser abatido como animal feroz. Não é assim que se combate a epidemia das vacas loucas?

Contudo, situar a guerra nesse plano termina por abolir a diferença entre o inimigo externo e o interno. Bin Laden estaria para Timothy McVeigh assim como o fundamentalismo muçulmano para a ultraortodoxia judaica e todas as outras formas de fanatismo. Todos se situam como iguais na doença do desapego à vida. Tomam a passagem por este vale de lágrimas como pausa que se deve abreviar pela imolação de si mesmos em nome de um princípio transcendente. Não é o que pregam aqueles que se suicidam em massa na Guiana ou na Flórida? Não é contra o mal da frustração que se lança o estudante que toma uma arma e assassina professores e colegas numa escola?

Esses poucos exemplos já nos levam a distinguir pelo menos duas formas de terror. A primeira diz respeito ao surto de um indivíduo ou de um grupo que leva ao extremo sua rebeldia. Não há como erradicá-la, principalmente porque a complexidade crescente de nosso mundo cotidiano e dos modos de estruturação social multiplica as fissuras por onde podem ser introduzidas lâminas que impedem o funcionamento desse enorme organismo. Mas existem formas eficazes de combatê-la. Não há dúvida de que a complicação crescente deste mundo facilita práticas de nova violência. Ao mesmo tempo, porém, cria novas formas de aprendizado, novas maneiras de socializar o rebelde.

Quanto mais complicado se torna nosso mundo, quanto mais crescem os estímulos padronizados para violência, tanto mais nascem possibilidades práticas de controle. Não é o caso da internet, que tanto oferece instruções para uma sexualidade sadia como meios de perversão sexual? Evitando-se restringir as liberdades democráticas, o desafio é encontrar instituições reguladoras capazes de emprestar sentido positivo àquilo que em si mesmo é ambíguo.

Essa forma fragmentada do terror é muito diferente da associação de terroristas em rede. Desde logo, estes são ambulantes por dever de ofício. Mas nessa constante ocultação de si mesmos já mostram uma consistência diversa do surto doentio. Podem ser desesperados, mas não são doentes. As primeiras descrições daqueles que se imolaram mostram pessoas normais, vivendo suas vidas cotidianas, ao mesmo tempo que se preparavam cuidadosamente para atacar e morrer. Não é isso que sempre se chamou de coragem? Mas a partir do momento que admitimos essa coragem, também é preciso indagar o motivo dela. Por que não se tornaram soldados regulares?

A história nos ensina que os militantes se convertem em guerrilheiros quando estão irremediavelmente acuados, quando os exércitos em que poderiam se integrar foram desbaratados, nada mais lhes restando, para continuar a luta, do que se dispersar em pequenos grupos, tentando aferroar o inimigo pelas costas, pelos lados, mas nunca de frente. O terrorista sem rosto constitui uma ameaça que, ao ser mordida pela astúcia ou pela mera força bruta, é salamandra que renasce de suas cinzas. O remédio, então, é criar um espaço em que a luta continue em termos civilizados e se transforme, por fim, em negociação democrática.

Embora estejam ainda muito intrincados, estamos assistindo à articulação de dois planos em que o terror organizado será combatido. É possível aceitar a luta no plano em que o inimigo a colocou, responder ao ataque indiscriminado com a mesma indiscriminação, precaver-se contra novas surpresas usando os mesmos canais secretos que ele usou. Mas, assim fazendo, os Estados atacados não tendem a resvalar para o mesmo tipo de associação privada em que o inimigo se integra? Contra o terror não se tornará o Estado também terrorista, cerceando permanentemente direitos individuais, submetendo as pessoas a uma vigilância abusiva, impondo a todo mundo um padrão repressivo a que sempre aspiraram os regimes totalitários? Para defender a democracia, então, seria preciso eliminá-la? Com isso não se está ainda semeando novas associações guerrilheiras?

Não vejo como evitar a destruição do próprio Estado por meio de práticas que negam seus princípios, a não ser começando por negar a face indiferente pela qual a associação terrorista se expõe, procurando as diferenças entre elas, os diversos trajetos de suas histórias. Não é porque o ataque é indiscriminado que possui origem indiscriminada, não se trata apenas da revelação do outro como se fosse gerado pela própria diferença.

A rede Al Qaeda de Bin Laden, o ETA (movimento separatista basco), o IRA (Exército Republicano Irlandês), as milícias argelinas e assim por diante operam da mesma maneira, visam a aferroar o inimigo, mas são movidos por projetos muito diversos, representam desesperos diferentes. O patriota muçulmano que vê seu país dominado por uma corja de abutres corruptos, que vê Estados criados e abolidos segundo os desígnios dos vitoriosos das grandes guerras, não tende a se voltar sobre si mesmo, encontrando sua própria identidade nos segredos de sua fé? Não há de reconhecer nos melhores amigos externos de seus inimigos internos o alvo privilegiado de sua reação? Sob esse aspecto, a guerra contra o terror só pode ser a guerra contra suas causas.

Daí a necessidade de descer ao particular. Convenhamos, a história do Oriente Médio teria sido diferente se o Estado de Israel não fosse criado, alargando a ferida que já maculava suas relações com o Ocidente. Será possível desbaratar as redes de terrorismo muçulmano sem fechar essa ferida, sem aterrar a fonte de frustração que gera terroristas em potencial? Todos sabemos, além do mais, que as negociações de paz entre israelenses e palestinos caminham a bom termo até que as questões dos territórios ocupados e a de Jerusalém comecem a ser discutidas, quando os extremistas das duas partes põem tudo a perder. Se as grandes potências criaram o Estado de Israel e alimentam os dois lados do conflito, não é delas também a responsabilidade pelo impasse? Essa nova aliança que se esboça contra o terror não aparece, então, como oportunidade para impor uma solução equânime em que as duas partes possam sobreviver e conviver?

Ao inimigo é possível impor o rosto de Bin Laden e outras tantas figuras do atual cenário do terror. Mas destruir a causa imediata da violência é trabalho interminável enquanto os pontos nodais dos conflitos submersos que travam o mundo contemporâneo não forem revelados e atacados. A chamada globalização até agora aprofundou as diferenças regionais, relegando partes da humanidade à instabilidade ou à miséria permanente. Desse modo, globaliza sementes do terror, cria novos bárbaros capazes de ameaçar a tranquilidade das novas Romas. Não podem vencê-las, mas ameaçam o mundo com nova barbárie.

7.10.2001

Elogio à técnica

É técnica a questão da técnica. Por certo o problema da procura de sua verdade, de como a técnica nos relaciona de modo muito específico com o ser, não é posto por ela. Mas desse ponto de vista perde-se a diversidade das questões técnicas, pois me parece que existem técnicas e técnicas impossíveis de serem determinadas numa única essência. Não vejo a possibilidade de encaixar, sob uma única cláusula, os mais diversos relacionamentos que os seres humanos mantêm com o Universo mediante construções feitas por eles mesmos. No final das contas, a linguagem não é também uma técnica de transformar sinais em símbolos? Da mesma forma, o discurso sobre a técnica, sobre a tecnologia, teórico ou prático, continua a ser uma fala ligada a procedimentos de experimentação e construção. Em resumo, a oposição radical entre conhecimento e técnica, se já existiu, não mais existe, de sorte que interessa examinar o que se entende quando se fala do saber e do fazer desse do ponto de vista.

Não cabe menosprezar os perigos da tecnologia, os efeitos colaterais das novas drogas, o inesperado cansaço de materiais artificialmente submetidos a pressões adversas, assim como as técnicas da guerra e dos campos de concentração. Mas esses perigos, no mínimo, são equiparáveis àqueles processos naturais em transformação, tais como erupções vulcânicas fantásticas, terremotos, tsunamis avassaladores e assim por diante. Nesse ponto a questão é de responsabilidade. Mas não exageremos, pois, se falamos ao telefone e assistimos à televisão sem entender o que se passa além de sua aparência, isso sempre valeu para o ato de alimentar, pois pouquíssimos são aqueles que sabem como se faz a digestão de um grão de trigo. Além disso, é simplesmente ideológico imaginar que tudo que vem da natureza é bom.

No final das contas, o veneno das aranhas e o ópio são produtos naturais, mas no veneno da jararaca se encontrou uma substância que tem sido muito usada no tratamento da hipertensão. No fundo dessa posição ingênua reside o postulado de que a natureza é obra divina, feita sem trabalho, embora Jeová tenha descansado depois de seis dias de criação.

Desde os primórdios da filosofia, essa ideia religiosa se tornou leiga, inspirando um duplo conceito de razão. O primeiro, substantivo, que indaga de onde viemos, o que somos e o que deveríamos ser; o segundo, meramente técnico, pelo qual, dados certos fins, procuram-se os meios para que sejam realizados.

Em que medida a procura dos meios não configura também o fim visado? Aqui nos interessa, porém, este aspecto da questão: parte da filosofia contemporânea tem deixado de lado esses conceitos de razão por questionar essa diferença, na medida em que hoje sabemos que qualquer raciocínio efetivo pode ser reconstruído por diferentes sistemas formais, por diferentes lógicas. Nem mesmo a análise de conceitos se livra de métodos construtivos. Em suma, o sólido terreno da lógica, até então pensado como pavimento dos procedimentos racionais, também pode ser pensado tecnologicamente. Daí uma determinação recíproca muito variada entre conhecimento e tecnologia, um lado colocando problemas para o outro, e vice-versa.

Conhecimento e técnica só podem vir a ser perigosos, então, no seu uso, particularmente no seu uso social. Se este também é técnico, ele o é na medida em que inclui técnicas de controle, toda uma rede de instituições que lutam para criar e se apropriar da tecnociência em seu proveito. Não existem dois planos separados, esse da tecnociência e aquele de seu emprego no contexto, quer da concorrência cruzada entre instituições privadas e estatais, quer no conflito entre as nações.

São essas instituições particularizadas ou globalizadas que dirigem o *mainstream* do progresso das ciências e das técnicas. Já na fase mais elementar do financiamento de um projeto de pesquisa, a liberdade de escolha é conformada pelas políticas de Estado, pelas fundações financiadoras, pelo sistema de publicação dos novos conhecimentos e, sobretudo, pela conversão da teoria num produto pelos grandes institutos e laboratórios privados. É sabido que a invenção científica e tecnológica tem passado ao largo das universidades, que, se não se encaixam nas redes de produção tecnocientífica, tendem a produzir apenas mão de obra qualificada.

Não se deduza dessas minhas indicações que estou pulando de contente com o extraordinário progresso do conhecimento e da tecnologia que experimentamos desde meados do século XIX. Se o avanço da tecnociência me admira quando nos dá instrumentos extraordinários para resolvermos alguns de nossos problemas atuais, igualmente me horroriza quanto tais instrumentos são postos a serviço de políticas assassinas. Os instrumentos das ciências e das técnicas nunca foram neutros do ponto de vista político, mas a partir dos meados do século XIX começa um crescimento exponencial de novas teorias e do número de pesquisadores, na medida em que a produção da ciência se torna uma força produtiva.

Saber mais e poder fazer mais sempre criaram vantagens no embate entre as nações. Mas, claramente depois da Segunda Guerra Mundial, esse processo de ganhar na margem se converte numa luta de ganhar pela ampliação e pelo controle dessa margem. Siracusa podia imaginar que queimaria a frota inimiga utilizando os espelhos concêntricos desenhados por Arquimedes; o doge podia imaginar que a luneta apresentada por Galileu lhe traria vantagens contra os inimigos de Veneza; mas a corrida pela fabricação da bomba atômica não se resumiu a uma apropriação de teorias feitas, ela se abriu numa corrida vertiginosa para obter novos conhecimentos, somente disponíveis graças ao investimento de capitais fabulosos.

Em que medida o circuito desses capitais determina e é determinado pelo desenvolvimento do saber fazer? Isso se reproduz nos tempos de paz, quando, por exemplo, a associação entre o Estado e a indústria bélica norte-americanos se torna tão potente que o inimigo interno, em particular a guerrilha, ganha muito mais importância que o inimigo externo. E a guerrilha não é antes de tudo a vontade de usar procedimentos elementares para emperrar a grande máquina do mundo cotidiano?

Não tem mais sentido dizer que mesmo a produção da ciência pode ser feita para o bem ou para o mal. Ela progride pelo empuxo dos mais fortes politicamente, mas a cada passo adiante ela também abre poros nesse grande sistema, exibindo suas contradições. De um lado, não há a tecnociência; de outro, há o controle de tudo que é novo pela dinâmica do capital. A pergunta não consiste, então, no modo como se exploram as contradições para que uma nova forma de sociabilidade, menos predadora, possa pelo menos ser sonhada? E o sonho não é técnico.

26.8.2007

Feiticeiros do saber

À primeira vista, parece um paradoxo: como aqueles que se dedicam à prática da razão poderiam navegar na zona cinzenta da superstição? Mas a pergunta se impõe desde que se considere que o monopólio da invenção tecnológica se tornou fonte proeminente do poder econômico e político, quer das grandes corporações, quer dos Estados nacionais, uns e outros reciprocamente determinados. Essa tese nem sempre está sendo bem compreendida e convém retomá-la. A supremacia do novo poder não nasce da posse da melhor tecnologia, mas da capacidade instalada de vencer a corrida para criar novos objetos técnicos e efetivar teorias que possibilitem sua produção.

O inegável poderio técnico dos Estados Unidos não provém unicamente do domínio de uma tecnologia insuperável. Essa é a ponta do iceberg, que depende de uma extraordinária tecnologia controlando o processo de converter uma ideia científica num produto, seja ele mercadoria, seja arma encomendada pelo Estado para fortalecer seus exércitos. Não se imagine que outros Estados nacionais estejam fora dessa corrida, mas ela é vencida por aquele que dispõe da melhor rede de instalações capazes de renovar sua planta tecnológica. Há alguma dúvida de que hoje em dia os Estados Unidos se encontrem nessa situação?

Como essa capacidade de inventar se caracteriza, quando se converte em fator crucial da concorrência capitalista? Primeiramente, ela se transforma em capital, na acepção mais simples da palavra, a saber, controle sobre o trabalho alheio. No entanto, ao contrário do capital fundiário, por exemplo, em que o monopólio da terra obriga a que uma parte dos valores criados seja entregue ao proprietário fundiário, o monopólio da invenção científica e tecnológica demarca certas fronteiras dentro das quais se criam partes do excedente da riqueza social. Esse capital tecnológico cria valor quando, suponhamos, numa mesma unidade de tempo, produz mais e melhor do que seus competidores e se apropria dele na medida em que impede, graças à sua inventividade, que outros alcancem o nível de produtividade com a qual trabalha. É como se fosse uma corrida de obstáculos, em que o corredor da linha de frente faz crescer os obstáculos que deixa para trás e que seus adversários ainda devem saltar. No entanto, é frágil sua invencibilidade, pois a invenção tecnológica não é monolítica e cria pistas divergentes. Em resumo, todos os produtos não mais se referem a uma só e mesma média de produtividade social do trabalho. Não é a própria medida do social que se estraçalha?

Se algumas empresas passam a ter o controle de como a nova tecnologia penetra no mercado, não há mais como imaginar que todos os processos de trabalho possam ser medidos por um único padrão baseado numa mesma produtividade socialmente determinada. Transformadas em forças produtivas, as ciências conferem àqueles que a controlam posições estratégicas no mercado, impossíveis de serem conquistadas por concorrentes menos preparados. Daí o enorme interesse do Estado de associar-se a essas potências da tecnociência, sendo que, ao procurar inseri-las no quadro de uma tecnologia nacional, nelas encontra novas fontes de poder.

É de esperar que essa nova determinação da ciência como força produtiva e capital afete tanto sua ideia como o trabalho daqueles que a cultivam. Examinemos, por ora, essa última determinação. Por muito tempo, os cientistas se pensaram como sacerdotes consagrados ao culto do saber, todos eles a serviço do bem da humanidade. Por certo, esse "ar de santidade" sempre encobriu disputas e rivalidades, mas não se pode negar que a pretensão de validade universal de suas teses sempre esteve acompanhada da pretensão de que seus trabalhos tivessem igualmente alcance universal e solidário.

Esse aspecto prático dos cultores da razão se fez ainda mais presente quando a própria ciência, invertendo a direção que os gregos lhe imprimiram, passou a ser dirigida para o controle e a exploração da natureza. Manteve-se, todavia, a crença de que cada investigador haveria de colocar um tijolo no grande edifício do conhecimento, sem levar em consideração as condições sociais de trabalho, vale dizer, do modo de produção do conhecimento científico. Seu sustento não estava assegurado pelas igrejas ou pelo mecenato estatal ou individual?

A partir de meados do século XIX, justamente com o avanço da sociedade industrial, o número de pessoas dedicadas à pesquisa científica passou a crescer exponencialmente. Os cientistas se convertem, então, em funcionários de institutos e universidades, estatais ou privados, tornando-se dependentes de uma combinação de fundos públicos ou privados em proporções que cada país trata de conciliar com seus projetos e tradições. Em princípio, os fundos públicos financiam a pesquisa básica; os privados, a tecnológica – embora em certas situações o dinheiro público tenha uma gestão privada, a despeito de ser mais ou menos coletiva, como nos Estados Unidos.

Hoje em dia esse esquema é completamente subvertido pelo íntimo entrelaçamento entre ciência e tecnologia. De um lado, uma teoria encontra logo aplicação tecnológica; de outro, essa aplicação coloca problemas teóricos que fazem avançar a ciência básica. Mas essa proximidade se torna de tal maneira dependente de altos investimentos que redesenha o perfil de seus dois polos.

Investir em pesquisa resulta geralmente em altos rendimentos, mas a dificuldade está em somar recursos para que isso seja possível. Calcula-se que, dentre dez mil novas moléculas isoladas, apenas uma venha a se tornar um medicamento e, para isso, são necessários, em média, cem milhões de dólares. Seja qual for a precisão desse dado, importa salientar que o conhecimento necessita de uma política de investimentos na área da ciência e da tecnologia, ou melhor, da tecnociência, e que os próprios pesquisadores, levados por esse turbilhão, se convertem em gerentes e geridos, passando a viver de modo muito distante do *otium cum dignitate*, agora reencarnado na paz do funcionário público.

Desde logo, o pesquisador se encarrega de criar uma rede de parceiros, se possível transnacional, ou então participar de uma já existente. Somente assim pode dialogar com outros pesquisadores interessados num mesmo tema ou em temas complementares e, além do mais, haurir recursos de fontes diferentes. Dependendo de vultosos investimentos, vê-se obrigado a inserir sua pesquisa básica no bojo de um projeto maior que incorpore aplicações tecnológicas, inclusive aquelas que possam resultar na melhoria de políticas públicas. E, assim, a pesquisa vem a ser cada vez mais desenhada pelas políticas de distribuição dos recursos, sejam estatais, sejam grandes corporações, escapando, portanto, do controle da comunidade científica.

Se os pesquisadores só podem ampliar, confrontar e verificar suas ideias enquanto estiverem navegando num fluxo de recursos cuja dinâmica não dominam, é o mapa da tecnociência, com suas montanhas, vales e mares, que se configura segundo políticas específicas. Não há dúvida de que essa relação não é direta, a realidade não se revela segundo o montante de reais investido na pesquisa.

Quantos recursos já não foram canalizados para encontrar a cura do câncer e da Aids? É claro que não foram em vão, pois o trabalho dirigido especificamente para encontrar remédios e vacinas se entrelaça com o trabalho propriamente teórico de conhecimento, cada vez mais preciso, da biologia molecular. Mas todos sabem que o conhecimento das doenças tropicais não avança no mesmo ritmo que o das doenças dominantes nos países mais ricos.

Os pesquisadores de ponta, nos dias de hoje, misturam atividades empresariais com as aventuras da investigação. De manhã, são pesquisadores; de tarde, dirigem uma pequena empresa de biologia molecular. Se eles complementam a tradicional aspiração pela fama com o desejo de abiscoitar o polpudo Prêmio Nobel, todos continuam operando dentro dos limites demarcados pela soma de pensamento e recursos que, em última instância, há de fornecer produtos esperados por um mercado que não controlam. É notável que o grande capital tanto incentiva o pesquisador como pode decretar sua morte.

Vale a pena refletir sobre o exemplo de um grande produtor de novelas que, marginalizado na luta pelo poder da empresa, continua a ser muito bem pago para não trabalhar em outras redes de televisão. Se a criação no *show business* é ainda mais dependente do fluxo de recursos econômicos, não é uma espécie de lente de aumento do que acontece igualmente nas ciências? Nesse setor, porém, não há monopólio da invenção.

Aqueles que ficam para trás nessa corrida de obstáculos, em contrapartida, se ensimesmam ou se contentam com aquele pacto entre medíocres, segundo o qual a carreira se mede pelo tempo de serviço, o mérito passando a ser visto como uma espécie de transgressão. Aceitar uma medida exterior não é compactuar com os processos que os marginalizam? O recurso é a autoavaliação, imaginar que o pensamento livre de qualquer compromisso possa livrá-los dos constrangimentos econômicos e políticos. Ora, sem medida social, como vão distinguir o fazer do fazer de conta que se faz?

O pesquisador de ponta, em compensação, oprimido entre a ciência e a tecnologia, condenado a operar como investigador e empresário, compensa-se imaginando a mera atividade de conhecer, como se pudesse ser livre de qualquer compromisso, como se nunca houvesse de encontrar limites intransponíveis. A ciência tudo pode, desde que se lhe dê o tempo e os meios necessários. Se a vida, disse um grande biólogo, é uma questão de química, não valeria imaginar que um dia se chegasse a conquistar a imortalidade? E, como a nova astronomia insiste na finitude do Universo, seria interessante perguntar onde iriam habitar esses imortais.

Assim, a lei científica deixa de ser a fórmula pela qual os seres humanos orientam seus planos e suas atividades inseridos num mundo que sempre lhes escapa para vir a ser a chave de uma invertida caixa de Pandora. Uma vez aberta, ela dispersaria todos os bens possíveis, graças a um conhecimento tão claro como o Sol. Mas, sem sombra, a luz do Sol não termina levando à cegueira?

25.5.2003

Fim de história

Sempre desconfiei da possibilidade de transformar a *ideia* de uma história universal num *fato* temporalmente circunscrito, que tanto fecha o ciclo de todos os acontecimentos anteriores quanto abre nova forma de vida social. O exemplo mais conhecido é o modo pelo qual o marxismo vê a revolução proletária, que encerraria o longo período da luta de classes para inaugurar os tempos da igualdade e da liberdade.

Não foram simples as torções por que passou a ideia reguladora de uma história universal, que no fundo tem no horizonte uma forma qualquer de Juízo Final fora do tempo, para se transformar no diagnóstico de um acontecimento total inserido no tempo. Essas torções não resultaram simplesmente de elucubrações de pensadores utópicos, mas tiveram como ponto de apoio a Revolução Francesa, que acreditou encerrar o Antigo Regime e instalar na Terra o reino da razão e da igualdade, embora tenha terminado por instalar no poder uma nova classe dominante.

Esse problema voltou a me inquietar com a leitura das biografias de grandes homens que se pensam eles próprios o fim da pré-história da humanidade e início de uma nova forma de historicidade. Em particular, as biografias de Mao Tsé-tung, escrita por Jon Halliday e Jung Chang, e aquela de Stálin, escrita por Simon Sebag Montefiore.

Poucos ainda duvidam de que os dois políticos foram monstros odiosos, mas as biografias[1], principalmente a de Mao, se esgotam na denúncia moral sem levar em consideração o enorme papel político que desempenharam. A biografia de Stálin é mais generosa, pois o estuda no meio de sua corte, de um grupo social pouco refinado que acabara de ocupar os salões e as mesas da aristocracia czarista. Surpreende seu refinamento, o gosto pela literatura e pelo cinema, seu desempenho de pai extremoso. Mas, se Mao é frio e poeta enquanto Stálin é encantador e *bon vivant*, ambos tiveram como único amor o partido e, em nome dele, exterminaram milhões de seres humanos.

Estão muito distantes, por exemplo, de Napoleão, que esperava de cada soldado uma *belle mort*, o exemplo de como se pode dar a vida pela liberdade. Os heróis políticos chineses e russos são pequenas peças de uma enorme máquina a serem desprezadas quando não funcionam mais a contento, quando se desgarram do motor governante. Estou, obviamente, excluindo toda a população civil que sofreu fome, massacres e humilhações para manter a dignidade nacional. Quero apenas chamar a atenção para a diversidade das formas da violência política.

O expurgo, iniciado por Lênin e levado ao extremo por Stálin, serviu para afastar e até mesmo destruir antigos companheiros, transformados em bodes expiatórios dos erros que o comitê central

---

[1] Chang, Jung; Halliday, Jon. *Mao – A história desconhecida*. São Paulo: Companhia das Letras, 2006; Montefiore, Simon Sebag. *O jovem Stálin*. São Paulo: Companhia das Letras, 2008.

e o próprio Stálin cometiam. Não era tanto o erro que não podia ser permitido, mas a falta de onisciência. É comum a revolução devorar seus próprios atores, mas a Revolução de Outubro matou o aliado de ontem, sorteado para pagar o preço pelo fracasso de uma política que ele mesmo havia apoiado. O amigo transgride quando se mostra diferente, embora possa ter colaborado para o consenso que levou às medidas adotadas.

Isso já acontece, mas ainda de uma forma imprecisa, com o massacre dos cúlaques, daqueles camponeses proprietários que passaram a ter a obrigação de entregar a preço vil ou gratuitamente os produtos agrícolas necessários para sustentar o programa de rápida industrialização da União Soviética. A transgressão da norma nunca poderia nascer de uma necessidade fisiológica, como a fome de cada um, porque o simples desobedecer já era considerado traição moral e política. Nada parecido com Robespierre guilhotinando Danton numa luta entre facções, num conflito de programas e de interesses.

Depois da Revolução de Outubro, uma falta marca o grupo como um todo e pede que surja um justiceiro que o purifique. Visto que todos não podem ser mortos, é preciso que se elejam grupos representantes. Cada região da nova União Soviética recebe uma cota para matar seus próprios cúlaques. Os números são assustadores. Calcula-se que morreram, só na Ucrânia, entre quatro e cinco milhões de pessoas; outros chegam à cifra de dez milhões. Se, na verdade, os números são comparáveis ao terror nazista e ao maoísta, importa, creio, assinalar a diferença no sentido desses massacres.

Desde o início, o stalinismo não exclui o outro porque é adversário político, grupo que contesta a política em exercício e propõe novos rumos para o país, mas simplesmente porque é identificado como adversário de classe, da justiça histórica e da razão, simplesmente porque se tornou o elo mais fraco da cadeia do progresso. Diferente é o genocídio nazista, quando o outro se mostra adversário porque diverge no modo de ser, não do fazer, dos eleitos, escapando, assim, do padrão da comunidade. A impureza é, então, natural, encontrando-se marcada no corpo e no sangue. Notemos igualmente como essa ideologia do massacre difere do terrorismo de hoje, quando o inimigo radical é o infiel, aquele que não crê no que deve crer conforme reza a norma inscrita no livro sagrado. O extermínio stalinista nada mais pretende do que suprimir a vontade adversa.

Isso se exacerba quando os expurgos passam a ser feitos no interior do próprio partido. Num lindo livro, de 1947, *Humanismo e terror*, Merleau-Ponty já tentara explicar por que, nos processos de Moscou de 1936-37, comunistas da velha guarda, camaradas de Lênin, como Zinóviev e Bukhárin, chegaram a confessar traições contra o partido que eles nunca poderiam ter cometido. Deixaram de se defender, considera Merleau-Ponty, porque a integridade e a racionalidade do partido eram mais importantes do que suas próprias vidas. Documentos recentemente liberados permitem a Sebag Montefiore nuançar essa interpretação, já que a confissão pública seria a moeda de troca para salvar a vida, segundo um acordo que Stálin nunca cumpriu.

Posta a onisciência do partido, posta a necessidade de suprimir qualquer tipo de discórdia, não há espaço para qualquer forma de política. Nem mesmo O *príncipe*, de Maquiavel, que descreve o caso-limite da política da destruição do adversário, deixa de considerar as vantagens de um cálculo na distribuição dos males e dos bens, assim como a necessidade de uma aliança com o povo miúdo. Na sua gigantesca análise do totalitarismo, Hannah Arendt mostra como o campo de concentração construía uma fabulosa máquina destinada a suprimir a vontade alheia, transformando o inimigo numa folha levada pelo vento.

Se esse procedimento também foi aplicado no gulag soviético, não vale no jogo interno do partido, quando o outro, para ser aniquilado, necessitava ter vontade. O jogo é entre vontades mais fracas e mais fortes. O Politburo destruiu a si mesmo a tal ponto que, quando a Segunda Guerra se iniciou, não mais podia contar com políticos e militares da velha guarda. Mas isso não o impediu de continuar, nesse momento, a mandar fuzilar militares descontentes, desertores comunistas alemães que traziam notícias indesejáveis e até mesmo os "derrotistas" que, logo no início, não souberam resistir às forças do invasor alemão.

A guerra de massa moderna atinge graus inéditos e inacreditáveis de violência. Mas sua explosão se torna autofágica quando um grupo socialmente subalterno chega ao poder e considera essa ascensão como prova da razão histórica. Ele não está agora no poder, mas se pensa como poder. Por isso precisa suprimir toda e qualquer diversidade. Anula o adversário não do ponto de vista moral, como acontece hoje muitas vezes nas democracias modernas, o bem devendo anular o mal, mas antes de tudo porque o outro, mostrando-se mais fraco, se candidata a bode expiatório dos erros do grupo dirigente. A vitória comprova sua vontade de potência na impotência do outro de resistir. Mas esta distinção entre uma guerra de vontade e uma guerra moral não seria apenas de tipos ideais, já que a guerra real os combina das formas mais diversas?

25.3.2007

Religião como investimento

Estava passeando pela TV quando dei com um culto da Igreja Mundial do Poder de Deus. Teria rapidamente mudado de canal se não tivesse acabado de ler o interessante livro de Ronaldo de Almeida, *A Igreja Universal e seus demônios: um estudo etnográfico*[2], que me abriu os olhos para o lado especificamente religioso dos movimentos pentecostais. Até então via neles, sobretudo, superstição, ignorando o sentido transcendente dessas práticas religiosas.

No culto da TV, o pastor simplesmente anunciou que, dado o aumento das despesas da Igreja, no próximo mês o dízimo subiria de 10% para 20%. Em seguida começou a interpelar os crentes para ver quem iria doar mil, quinhentos e assim foi descendo até chegar a um real. Notável é que o dízimo não era pensado como doação, mas simplesmente como devolução: já que Deus neste mês dera-lhe tanto, cabia ao fiel devolver uma parte para que a Igreja continuasse no seu trabalho mediador. Em suma, doar era uma questão de justiça entre o fiel e Deus.

Em vez de o salário ser considerado como retribuição ao trabalho, o é tão só como dádiva divina, troca fora do mercado, como se operasse numa sociedade sem classes. Isso marca uma diferença com os antigos movimentos protestantes, em particular o

---

2 Almeida, Ronaldo de. *A Igreja Universal e seus demônios: um estudo etnográfico*. São Paulo: Editora Terceiro Nome, 2009.

calvinismo, para os quais o trabalho é dever, e a riqueza, manifestação benfazeja do bom cumprimento da norma moral.

Se o salário é dádiva, precisa ser recompensado. Não segundo a máxima franciscana "é dando que se recebe", pois não se processa como ato de amor pelo outro. No fundo vale o princípio: "Recebes porque doastes". E, como esse investimento nem sempre dá bons resultados, parece-me natural que o crente mude de igreja, como nós procuramos um banco mais rentável para nossos investimentos.

O crente doa apostando na fidelidade de Deus. Os dísticos gravados nos carros "Deus é fiel" não o confirmam? Mas Dele espera-se reciprocidade, graças à mediação da Igreja, cada vez mais eficaz, conforme se torna mais rica. Deus é pensado à imagem e semelhança da Igreja, cujo capital lança uma ponte entre Ele o fiador.

Além de negar a tradicional concepção calvinista e protestante do trabalho, esse novo crente não mantém com a Igreja e seus pares uma relação amorosa, não faz do amor o peso de sua existência. Sua adesão não implica conversão, total transformação do sentido de seu ser. Ele apenas assina um contrato integral que lhe traz paz de espírito e confiança no futuro. Em vez de conversão, mera negociação. Essa religião não parece se coadunar, então, com as necessidades de uma massa trabalhadora, cujos empregos são aleatórios e precários?

Outro momento importante do livro é a crítica da Igreja Universal ao candomblé, tomado como fonte do mal. Essa crítica não possui apenas dimensão política e econômica, assume função religiosa, pois dá sentido ao pecado praticado pelo crente. O pecado nasce porque o fiel se afasta de Deus e, aproximando-se de uma divindade afro-brasileira, foge do circuito da dádiva. Configura fraqueza pessoal, infidelidade a Deus e à Igreja.

Nada mais tem a ver com a ideia judaico-cristã do pecado original. Não se resolve naquela mácula, naquela ofensa, que somente poderia ser lavada pela graça de Deus e pela morte de Jesus, mas sempre requerendo a anuência do pecador. Se resulta de uma fraqueza, desaparece quando o crente se fortalece, graças ao trabalho de purificação exercido pelo sacerdote. O fiel fraquejou na sua fidelidade, cedeu ao Diabo cheio de artimanhas e precisa de um mediador que, em nome de Deus, combata o demônio. O exorcismo é descarrego, batalha entre duas potências que termina com a vitória do Bem e a purificação do fiel.

Compreende-se, então, a função social do combate ao candomblé: traduz um antigo ritual cristão numa linguagem pagã. Os pastores dão pouca importância ao conhecimento das Escrituras, servem-se delas como relicário de exemplos. Importa-lhes mostrar que o Diabo, embora tenha sido criado por Deus, depois de sua queda se levanta como potência contra Deus e, para cumprir essa missão, trata de fazer mal aos seres humanos. O mal nasce do mal, ao contrário do ensinamento judaico-cristão que o localiza nas fissuras do livre-arbítrio. Adão e Eva são expulsos do Paraíso porque comeram o fruto da árvore do conhecimento do Bem e do Mal e, assim, se tornam pecadores, porque agora são capazes de discriminar os termos dessa bipolaridade moral.

Esta teologia pentecostal se aproxima, então, do maniqueísmo. Como sabemos, o sacerdote persa Mani (também conhecido por Maniqueu), ativo no século III, pregava a existência de duas divindades igualmente poderosas, a benigna e a maligna. Isto porque o mal somente poderia ter origem no mal. A nova teologia pentecostal empresta o mesmo valor aos dois princípios e, assim, ressuscita a heresia maniqueísta, misturando cristianismo com teologia pagã.

2.8.2009

Questões morais

Critérios disparatados

Qual é o critério adequado para nortear a decisão de retirar ou manter a sonda que mantinha viva Terri Schiavo? O marido, guardião legal, já decidira pela retirada. Depois de processar o hospital pelo erro médico cometido – responsável por ter reduzido a mulher a uma vida vegetativa –, depois de cuidar dela durante quinze anos, solicita aos médicos que a deixem morrer em paz, interrompendo a alimentação artificial. Limita-se a argumentar que seu estado de saúde é irrecuperável, não havendo mais esperança de que venha a ter uma vida digna.

Dilema para os médicos. Aqueles defensores da vida a qualquer custo se recusam a abandonar o tratamento; a maioria deles, porém, não considera como vida o simples vegetar e se dispõe a retirar a sonda, desligar os aparelhos. Quem tem razão? Cada vez se torna mais complicado estabelecer precisamente as fronteiras entre os humanos e os outros animais. Dizem que a razão está em crise e a capacidade do discurso tem reduzido as pessoas a papagaios falantes. Se as formas mais elementares de vida devem ser protegidas, mais consequentes seriam aqueles místicos hindus que varrem o chão antes de dar um passo, embora ignorem que o próprio andar descalço provavelmente destrói certas bactérias da pele.

Em contrapartida, os médicos ocidentais não hesitam em recomendar sopa de galinha aos enfermos debilitados. Até há pouco tempo, do ponto de vista médico, a morte era declarada quando o coração parava de bater; hoje, depois que o cérebro deixa de funcionar. No limite desse ângulo, é possível questionar se Terri estava morta ou não, já que grande parte de seu cérebro estava destruída. E esse não é um caso ímpar, pois uma polêmica semelhante se levanta a respeito do aborto de fetos sem cérebros. Em vista dessa argumentação cruzada, cabe constatar que faltam à medicina critérios precisos para resolver a questão. Se a maioria dos médicos de hoje opta pelo desligamento do aparelho é porque invoca o critério moral de que Terri não tem condição alguma de levar uma vida digna. Mas para muitos basta que uma pessoa tenha um fiapo de vida para ser digna de sobreviver.

Não se avança muito quando se passa do plano moral para o religioso. Para aqueles que acreditam que o ser humano foi feito à imagem e à semelhança de Deus, somente Ele pode retirar a vida, embora alguns aceitem a pena de morte em casos extremos. Argumento difícil de ser sustentado no plano da discussão racional, pois a vida de Terri havia sido manipulada por muitos anos, com sucessivas intervenções no processo natural. E, se foi Deus que criou os humanos, não é por isso que os isentou do livre-arbítrio nem recuperou o fruto roubado da árvore do conhecimento, cujo emprego, aliás, tecnologicamente benfeito, tem prolongado de maneira substancial a expectativa de vida dos habitantes mais abastados do globo.

Desse modo, se Deus colocou os seres humanos no tempo, eles mesmos têm sabido jogar com a duração da vida. Mas até onde vai nossa liberdade de intervir na natureza? Atordoado por esses argumentos, o religioso costuma apelar para a fé. Acredita em milagres, e Deus poderia ter ressuscitado Terri. Mas, nesse plano, não vejo diferença entre ressuscitá-la para a vida ativa e consciente, quer a partir do corpo desconcertado, quer a partir de suas cinzas, depois de sepultada ou cremada e assim por diante. Torna-se evidente, então, a inutilidade de se argumentar quando a diferença diz respeito a um modo de vida. Diante do impasse, nós que acreditamos que cabia aos médicos deixar Terri morrer, posto que ela não poderia levar uma vida digna, devemos ainda respeitar o ponto de vista contrário, reconhecendo no conceito do que é "digno" a irredutibilidade da fé religiosa.

Convém não se esquecer dos pais, principalmente da mãe. Deixemos de lado seus argumentos racionais, pois, no fundo, não estão dispostos a enfrentar a perda radical que é a morte de um filho. E não cabe censurá-los por isso. Sabemos que, do ponto de vista médico, as alterações fisiológicas provadas pelo luto ainda estão presentes depois de um ano da perda. Na mãe essas alterações perduram para sempre. Se Terri precisa morrer para que a vida humana tenha em geral algum sentido, para que todos nós possamos fazer parte de um mundo moral que ultrapassa o plano dos fatos, ou melhor, para que possamos conviver no mundo do espírito, não há como deixar de considerar o sofrimento dos pais que perdem um filho. É como se um milagre em negativo se inserisse na ordem criada por Deus.

Não vejo, pois, como salvar qualquer critério moral ou religioso que venha legitimar uma decisão a respeito de Terri. O conflito se situa além, pois diz respeito a diferentes formas de vida que passaram a conviver no mundo contemporâneo. Não estou abdicando da defesa de meus pontos de vista, de meu agnosticismo, da minha certeza de que uma vida indigna não vale a pena. Não é por isso que seres humanos enfrentam a luta e a morte em nome de seus valores? Se a contradição é irredutível, cabe conviver com ela. Mas como e em que bases?

Se a convivência entre os argumentos, a fé e os modos de vida é possível no plano mais abstrato das opiniões, ela se quebra diante do caso concreto de Terri, quando uma decisão singular há de ser tomada. E, quando o entendimento mútuo deixa de funcionar, resta somente uma saída: a luta capaz de estabelecer o poder de impor aos outros uma decisão particular. E a escolha se deu entre a violência dos grupos que lutam por cada caso e aquela violência legitimada do Estado, isto é, institucionalizada.

Não é à toa que a disputa entre os norte-americanos tenha sido transferida para o plano do Judiciário. Não que este se apresente como uma espécie de esfera celeste cujos movimentos perfeitos regulassem os acontecimentos do mundo sublunar. A disputa também se exerce no seu interior, a ponto de leis *ad hoc* serem promulgadas a cada dia para atender a esse ou àquele ponto de vista. Mas a chicana com as leis possui limites diferentes conforme o sistema judiciário é mais ou menos instável, isto é, mais ou menos institucionalizado. Não é a mesma coisa jogar com as contradições das leis norte-americanas, ainda mais quando se leva em conta a diversidade dos Estados, e jogar com a inoperância do sistema brasileiro, que abre largas brechas, como todos sabemos, para a impunidade.

No entanto, seja como for, essa disputa entre formas de vida concorrentes, tão característica do mundo contemporâneo, somente pode encontrar um limite numa instituição que possua o poder, aceito por todos, de resolver o dilema neste caso particular, embora os litigantes não desistam de modificar seu ordenamento jurídico. Quem ganha na Justiça tem o poder legítimo a seu lado, mas não é por isso que o perdedor se considera justiçado. Por isso a disputa salta para o plano da política, no qual as instituições se formam e se destroem, onde a diferença moral se torna arma e pode ser aguçada ou desgastada.

3.4.2005

Decisão vital

Não há novidade alguma no fato de a Suprema Corte terminar legislando. Essa é uma necessidade inscrita no corpo da lei. Em direito, como em tantas outras disciplinas, nunca a regra é completamente determinada a tal ponto que o caso apenas se ajuste a ela mecanicamente. Julgar se uma ação é legal ou ilegal encontra um espaço aberto para a decisão do juiz. O ato jurídico como tal não consiste simplesmente em peneirar fatos para verificar quais ficam presos na malha.

O juiz também amolda a transgressão segundo a tradição dos tribunais e os ditames de sua própria consciência. Não é estranhável, pois, que, incitados a declarar inconstitucional o artigo n° 5 da Lei de Biossegurança de 2005, justamente aquele que trata da pesquisa com células-tronco embrionárias, cinco ministros tentaram legislar, isto é, completar o sentido do artigo atribuindo-lhe um conteúdo que não estava implícito nele. Esse ponto de vista não prevaleceu, seis deles simplesmente votaram pela negativa – e uma negação simples não determina –, assegurando, sem mais, a constitucionalidade do artigo.

Mas não é significativa a diferença de um voto? É no Supremo Tribunal Federal que o sistema jurídico se cruza com o político. Se até mesmo uma norma constitucional comporta indeterminações, para que ela possa ser aplicada, é preciso tomar certas decisões que configurem seu sentido. Isso é feito principalmente tendo a política do país como pano de fundo: o tribunal quase sempre resolvendo um impasse que o jogo político não pode resolver. É de esperar, ainda, que o tribunal legisle muito mais quando as instituições do Poder Legislativo se travam, se atolam em picuinhas e se esgotam em investigações policiais inconclusas, como acontece atualmente.

Tendo a oportunidade de discutir e decidir sobre uma questão de alta relevância e de grande apelo midiático, o tribunal se esbaldou. Foram necessários três dias para que os ministros lessem seus longos discursos, recheados de direito, filosofia, teologia, ciência etc., as teses carregadas de floreios bizantinos.

Sobre o significado desses floreios, recorde-se o que reza a lenda: no momento em que os turcos tomaram Constantinopla – ou Bizâncio –, em 1453, os intelectuais da cidade disputavam sobre o sexo dos anjos e se perguntavam quantos destes poderiam se apoiar na ponta de uma agulha. Muitos ministros não deixaram por menos, só que, em vez de anjos, falaram de células, da fertilização e, sobretudo, da Vida (com "v" bem maiúsculo), como se uma decisão jurídica fosse capaz de elucidar todos os mistérios da existência. Parece-me evidente que esse palavrório era jogo para a plateia. Desde que as sessões do STF passaram a ser televisionadas, alguns ministros viraram *pop stars*, aproveitando ainda do jogo de cena para transmitir seus recados.

A discussão sobre a vida tem servido de pano de fundo para que se decida que tipo de controle social nós queremos ter sobre o ciclo vital humano, diante das enormes possibilidades de manipulação abertas pela biologia contemporânea. E todos sabemos que, por trás desse novo panorama, reside a velha questão do aborto.

Quem admite matar uma célula fecundada não terminará aceitando a morte de um feto de três meses? Quase todos os ministros dialogaram principalmente com a comunidade científica e com a Igreja Católica, mas poucos queriam se indispor com elas. E, para que a questão de fundo – como controlar socialmente a vida? – não aparecesse na sua dureza, valeram os ornamentos bizantinos. Era impossível, entretanto, evitar a questão do controle e, sobretudo, do tipo de controle que devemos exercer sobre os excessos dos cientistas e a ganância dos laboratórios.

Há anos que os cientistas se preocupam com esse problema, e não é à toa que se tem ampliado a discussão sobre as relações entre ética e ciência. No entanto, se quanto mais se discutem esses problemas maiores são as divergências, considerando, ainda, que a ciência não pode parar nem deixar espaço para cientistas malucos, uma solução prática precisou ser inventada e implementada. Formou-se, assim, uma enorme rede de comitês de bioética, todos inscritos no Ministério da Saúde. Ora, a característica notável desses comitês é que não dão margem para discussões acadêmicas, mas firmam decisões que resultam de um acordo entre seus membros, sendo eles representantes das mais diversas correntes de pensamento. A decisão é coletiva sem que necessariamente o caso seja apresentado diante de uma regra definida. Em vez da vontade geral, funciona a boa vontade em assumir riscos e garantir o máximo de transparência nas decisões tomadas.

Deixando de lado o palavrório dos três dias de discussão, logo se percebe que o STF se dividiu em dois partidos. De um lado, aqueles que simplesmente declararam a constitucionalidade do artigo nº 5, mantendo-se, assim, no estrito campo do direito formal, mas deixando transparecer sua boa vontade em relação ao controle já exercido pelos cientistas. De outro, colocaram-se aqueles que tentavam arrochar esse controle, subordinando-o a instituições puramente burocráticas. Aventou-se mesmo um controle centralizado, cada pesquisador sendo obrigado a obter nele uma licença, o que, obviamente, implicava admitir a pesquisa em princípio para inviabilizá-la no fato.

O resultado foi muito interessante. Ao derrotarem os ministros legisladores, os vencedores terminaram por reconhecer a validade dos comitês de ética, por conseguinte de uma prática ética que se situa além das disputas teóricas. O que vale para esses comitês é a decisão institucionalizada, que, se por certo é influenciada pela disputa sobre valores éticos, vai além deles na medida em que transpassa sua irremediável diversidade.

Notável é que também na administração da Justiça aparecem momentos decisionistas, como o tribunal de júri. Este supõe que jurados chegam à "verdade", embora os advogados nem sempre ajam moralmente. Mas a prática do comitê de ética não é uma maneira de revelar que os códigos de ética contemporâneos valem menos pelo que eles codificam e muito mais pelo tipo de sociabilidade moral que produzem? Nessas condições, não chegamos ao fim da moral determinante?

8.6.2008

Dos males e do mal

De vez em quando topamos com um livro que nos pega por inteiro e nos desvia de um programa de leitura cuidadosamente preparado. Foi o que me aconteceu com *Eichmann em Jerusalém*[1], uma obra maravilhosa e polêmica de Hannah Arendt. Aliás, tudo que ela escreve nos toca como um clarão, *insight* genial, que, contudo, ofusca algumas teses ainda discutíveis.

Arendt descreve o processo a que foi submetido, em 1960, Otto Adolf Eichmann, especialista em questão judaica durante o domínio nazista e alto funcionário da máquina de destruição montada pelo governo. Mas isso lhe basta para quebrar tabus: Eichmann não é um monstro furioso, mas um burocrata zeloso que deixa sua consciência de lado para seguir regulamentos; fica contente quando resolve uma tarefa, mesmo quando se trata da melhor maneira de mandar judeus para as câmaras de gás. Além disso, Arendt se pergunta se os judeus não foram muito passivos diante da tragédia que se lhes abatia. Não se trata daquela conivência que se estabelece entre vítimas e algozes, mas de uma colaboração, muitas vezes tácita, no funcionamento da máquina mortífera. Imagine-se o escândalo que tudo isso provocou e provoca até hoje.

Arendt não duvida que Eichmann deva ser condenado à morte, mas observa a manipulação do processo da parte de Ben Gurion

---

1 Arendt, Hannah. *Eichmann em Jerusalém*. São Paulo: Companhia das Letras, 1999.

(primeiro primeiro-ministro de Israel) e, sobretudo, se detém nas irregularidades jurídicas dos procedimentos. Não acredita que, por isso, o julgamento deva ser anulado, mas está atenta àquelas mudanças no modo de julgar um crime até então desconhecido. Por isso, não se alia a Martin Buber, o grande teólogo judeu da época, que lidera o movimento pedindo clemência para o condenado.

A história está cheia de genocídios, mas em geral são explosões de ódio entre inimigos que, para reforçar sua diversidade, costumam marcar seus corpos com sinais diferentes. Mas entre os arianos e os judeus a diferença se instala na alma da etnia, como se fossem espécies diferentes e longínquas de um mesmo gênero. Para purificar a raça manchada por judeus, ciganos, comunistas, homossexuais etc., o governo nazista monta uma fábrica de morte de base fordista. Não pretende combater um inimigo exterior, mas aquele que circula em suas próprias veias, expurgar uma diferença que se infiltrou no cristal de sua pretensa superioridade. Por certo a política de extermínio somente foi adotada nos últimos anos da Segunda Guerra Mundial, pois no início os nazistas pretendiam expulsar os judeus para a Palestina e, depois, ainda pensaram em despachá-los para Madagáscar. Dada a inviabilidade dessas saídas, adotam a solução radical: assassinar todo judeu europeu pelo simples fato de ser judeu.

Arendt se vê, então, diante de um crime inédito. Os julgamentos de Nuremberg já tinham ocorrido, e os chefes nazistas tinham sido condenados por um tribunal de vencedores, na base das atrocidades cometidas contra inimigos externos e internos. No julgamento de Jerusalém, em contrapartida, se acusa um agente daquele sistema montado para tornar *Judenfrei* – livre de judeus – a Grande

Alemanha, que não é um inimigo no sentido tradicional, soldado que luta contra outro em busca da vitória. Se um desses considera bárbaro o outro, e vice-versa, lutam tendo no horizonte uma paz possível, certa convivência no futuro, mesmo que o outro venha a ser reduzido à situação de escravo.

Na sua última fase, a guerra contra os judeus é filtragem. Note-se a diferença com outros genocídios. Os hutus e os tutsis se exterminam simplesmente porque são diferentes e pretendem ocupar o mesmo espaço. Mas o preconceito dos cristãos contra os judeus – essa é uma observação de Paul Veyne – nasce de uma indiferença. O judeu não é carne nem peixe, é matriz do cristão, que dele se distancia pouco a pouco. Aqui não há alguma coisa da rivalidade entre torcidas que sempre se hostilizam? Essa indefinição permitiu que os judeus alemães já se houvessem assimilado a ponto de declarar que o judaísmo era sua religião, mas a pátria, a Alemanha.

No entanto, o conceito de Hannah Arendt que mais escandaliza é aquele da banalização do mal. Como pode ser banal o extermínio de seis milhões de judeus? Esse resultado não pode ser obtido por atos desprezíveis, mas banais? Vejamos o caso de Eichmann: não é um monstro, mas um pobre diabo atado a uma maquinaria infernal. E, como não é posto em julgamento por sua consciência, mas por causa de seus atos mecanizados, embora reconheça a enormidade da matança, sempre se considera inocente "nos termos postos pela acusação". Suas ações não deixam de ser perversas, mas o perverso, contudo, é o sistema que banaliza a má conduta repetitiva.

Embora seja praticado contra uma de suas partes, um crime contra a humanidade termina por atingi-la por inteiro, solapa suas mínimas condições de existência. O bombardeio de Hiroshima é desse tipo, pois sua repetição põe em risco a sobrevivência dos seres humanos na Terra. Igualmente, o Holocausto é um crime contra a humanidade, pois seres humanos são mortos apenas porque são diferentes. Mas nesse nível o mal não se exerce mais contra alguém ou contra um grupo determinado, processa-se banalmente, como se não houvesse indivíduos a serem trucidados, mas unicamente nomes a serem riscados da lista.

Hoje em dia, esse crime se torna ainda mais banal porque a maquinaria da morte, ao abandonar o padrão fordista e substituí-lo por outro, digital (a antiga técnica sendo substituída pela nova tecnologia), dá lugar a uma rede de pontos incendiários semelhantes, cada um deles quase sempre capaz de realizar as tarefas mais primárias.

Se, com o terrorismo, o inimigo passou a ser interno, como um grão de areia que pode interromper um circuito e bloquear o funcionamento do aparelho como um todo, agora não está mais entranhado na alma de cada indivíduo. Não é mais preciso purificar; basta extinguir o outro, a parte doente, micróbio que ameaça a saúde do corpo. Se uma diferença de raça ou de etnia diferencia pela totalidade, a nova faz do inimigo o mal radical e, assim, se apresenta para o ator como o bem igualmente radical. Mas a ideia de mal radical é religiosa, associada ao pecado e à queda. Desse modo, o inimigo perde seu perfil humano para vir a ser a tentação da serpente.

3.6.2007

Liberdade vigiada

Também quero entrar na discussão que vem se travando sobre as pesquisas com células-tronco. Aqueles que são contra invocam o caráter sagrado da vida que já estaria pulsando nessas células humanas. É estranho, entretanto, que muitos deles aceitem e até mesmo aplaudam a pena de morte, sendo que alguns chegam a se entusiasmar com o envio de tropas para combater o "eixo do mal". E a Igreja Católica, cujos manifestos sobre o pecado de instrumentalizar a vida são os mais calorosos, no fundo tem responsabilidade de vir a público para explicar como tem convivido com a pena de morte e com as guerras santas.

Do ponto de vista biológico, a vida se resolve em ciclos de geração e corrupção. Todos nós achamos natural comer carnes e ovos e, no caso de extrema necessidade, até mesmo a antropofagia tem sido justificada. No limite da sobrevivência, um ser humano fica liberado para comer os restos mortais de outrem. Biólogos hoje dizem que a vida começa na formação do zigoto, mas, como tudo em ciência, o dizem sob a forma de hipóteses, de proposições, que, a despeito de serem afirmadas atualmente com certeza, podem ser reformuladas a partir de novos dados.

São mais emaranhadas as opiniões dos filósofos a respeito da vida. Um dos maiores que a exaltaram foi sem dúvida Nietzsche. Para reafirmá-la, diz ele, cabe recusar as oposições esclerosadas do bem e do mal, apostar na vontade de criar um mundo melhor, onde cada um afirma fortemente os lados mais criativos de sua subjetividade. Nem por isso questiona seu lado corrosivo. No aforismo 26 de *A gaia ciência*[2], escreve: "O que é viver? Viver?... É constantemente afastar de si aquilo que quer morrer. Viver?... É ser cruel, é ser impiedoso contra tudo que envelhece e se enfraquece em nós e alhures. Viver?... É, pois, não ter piedade pelos agonizantes, os velhos e os miseráveis? É assassinar sem descanso?... E, no entanto, o velho Moisés disse: 'Não matarás'.".

Convém refletir sobre esse texto. Viver não é ter medo da morte, mas se afastar dela. O animal é impiedoso com sua presa, mas não o é porque ela ou ele mesmo envelhecem. A potência do viver vai além da luta cruel pela sobrevivência da espécie. Não é por isso, contudo, que se deva ser impiedoso com todos aqueles que se enfraquecem ao cumprir seu ciclo vital. Não se estaria, assim, contrariando a própria vida, que já toma o indivíduo no eterno retorno do mesmo? Mas, se a vida não se esgota no nível biológico, ela não se instala na crueldade da disputa, na afirmação guerreira de si, na imposição da vontade do mais forte?

Nessa luta de todos contra todos os mais fracos, segundo Nietzsche, convivem com os mais fortes se for instalado o acordo da religião e da moral. Não há, então, como escapar do mandamento do velho Moisés. No entanto, o que ele não deve matar? O animal que come? O animal homem? A pergunta está defasada, pois fica proibido liquidar o homem religioso e moral, aquele que

---

[2] Nietzsche, Friedrich. *Sämtliche Werke*. Colli, G.; Montinari, M. (eds.) Berlim; Nova York; Munique: De Gruyter; DTV, 1999, v. 3.

vai além de si mesmo a partir do fato que ele é. Para respeitar essa transcendência, precisa ir além da religião e da moral instituída, recusar o mistério bem falante e as normas do pastoreio do bom comportamento. Viver se mostra, então, a firme disposição, a vontade de desenvolver a si mesmo, o espírito da eterna renovação que se faz mesma porque ama o fato de ser além de si.

O que tem a ver a disputa sobre o uso de embriões com essas fabulações filosóficas? Não sou ingênuo a ponto de imaginar que uma decisão dessa espécie poderia ser tomada tendo por base tais especulações, por mais profundas que sejam. Mas elas servem para tirar o cisco do caminho. Estou tentando mostrar que a decisão não pode vir da argumentação científica. Se esta é um tecido de hipóteses, serve para o entendimento provisório do Universo e para orientar como podemos instrumentalizar um pedaço do mundo, sem que se possa discriminá-lo. Muito menos pode vir da filosofia, mesmo daquelas que têm a vida como foco de inspiração. O homem, além dele mesmo, eterno experimentador, não saberá decidir o que fazer com os embriões congelados.

Mas o direito sagrado da vida? Não é preciso saber onde ela começa para que ele possa ser respeitado? Enquanto de "direito", a questão vem a ser transposta para o nível da liberdade. Desse ponto de vista, os embriões são propriedade de seus genitores. E, até mesmo segundo o conceito liberal de propriedade, são eles que têm o direito de determinar seu destino, seja para o congelamento até o fim dos séculos, seja para o uso científico, seja para o lixo. Note-se que nem mesmo estou invocando a teoria moderna do uso social da propriedade. Os genitores têm o direito sobre pedaços de seus corpos até que esses possam ter desenvolvimento autônomo, cortados os laços de quem os juntou. E não é nesse nível que a questão já está posta, porquanto será o Supremo Tribunal Federal que decidirá a disputa?

Essa minha linha de raciocínio não terminaria defendendo o infanticídio, se o tribunal assim o decidir? De novo a questão está malposta. A liberdade de qualquer um de nós se exerce como liberdade regulada pelo direito positivo, que, por sua vez, se move nesta ou naquela direção conforme o tipo de sociedade que queremos ter e as políticas que somos capazes de desenvolver. É por isso que devemos indagar: qual é a sociedade que nós, brasileiros, queremos ter? Aquela que cuida da preservação de embriões congelados ou que cuida dos doentes que necessitam das novas terapias montadas a partir do melhor conhecimento das células-tronco?

23.3.2008, *publicado com o título "Liberdade embrionária"*

Moralidade miúda

Pode surpreender que as pessoas comuns se escandalizem com a compra de tapioca ou de um saca-rolha usando cartão corporativo e nem se importem com as grandes tramoias que se armam na composição do orçamento do país ou com os ganhos gigantescos dos bancos operando em território nacional. Não se trata, a meu ver, de perseguir os detalhes deixando o grosso na escuridão, mas de um exemplo muito interessante de como funciona hoje em dia o juízo moral.

Vivemos uma experiência moral diferente daquelas do passado. Em primeiro lugar, como já insistia Michel Foucault, cada vez mais deixamos de seguir códigos sistematizados no cuidado de nós mesmos para, em vez disso, tratar de agir de acordo com uma estética da existência. Não estou convencido dessa moralidade estética, em que cada um trataria antes de tudo de configurar sua subjetividade, pois o abandono de códigos sistemáticos não implica deixar de lado o problema crucial de saber como seguimos normas morais, por conseguinte como negociamos melhor com as regras.

Ora, esse melhor não diz respeito apenas a um sujeito, mas igualmente a uma coletividade que trata de lidar com as normas segundo padrões intersubjetivos e idealizados. Não cuidam para que as normas, por exemplo, não sejam aplicadas como se fossem guilhotinas? Em resumo, trata-se de ir além da bipolaridade do bem e do mal, mas evitando a permissividade, procurando encontrar formas de convivência mais ricas e produtivas do que aquelas vigentes no mundo cotidiano.

É notável que, nessa procura de novas formas normativas de convivência, desaparece o tipo, uma forma *sui generis* de sujeito exemplar. De Aristóteles a Kant, os filósofos costumavam mostrar que a ação moral, sempre vindo a ser para os seres humanos, reportava-se a um sujeito típico, alguém que se pusesse como fim em si mesmo. Podia ser ele um Péricles, um santo ou uma pessoa que se mostrasse digna de ser feliz, mas sempre alguém capaz de alinhavar suas virtudes numa totalidade harmônica acima das vicissitudes do mundo.

Não vejo tipos no horizonte atual, alguém que encarne uma forma paradigmática de existência. Um jovem que abandonava sua casa para seguir são Francisco imitava o mestre, mas de tal modo que buscava, antes de tudo, a salvação de sua alma. Suas ações seguiam aquelas do santo, mas haveriam de abrir para ele mesmo o caminho do céu. Por isso, suas virtudes se alinhavavam em vista de um ideal comum, que, embora não estando nesse mundo, regulava a conduta cotidiana.

Desse modo, o tipo funcionava como maneira de mostrar que a vida espiritual poderia ser exercida neste vale de lágrimas. Em contrapartida, à minha volta só vejo agora, se tiver sorte, tipos de virtudes: esse indivíduo que se sobressai por ser justo, aquele, por ser bravo, aquele outro, por ser temperado, e assim por diante. Noutras palavras, é possível agir tendo o bravo como paradigma, mas sendo conivente com seus atos injustos; imitar o sábio, sem esperar ter sua coragem etc. Importa cada um cuidar de si desenvolvendo uma virtude regional, um aspecto de sua personalidade.

O tipo é passagem para um mundo do dever-ser, passaporte para uma coletividade alinhada pelas virtudes espirituais de seus membros. Quando, nos tempos de hoje, as tipologias morais se desmoronam, os exemplos de virtude são deste mundo, tal como ele é e sempre será. Em vez do santo ou da pessoa ilibada, temos o célebre. Por todos os lados não se assiste ao culto das celebridades? A tal ponto que os religiosos, aqueles que precisamente deveriam ser condutores para uma vida do espírito, tratam de celebrizar-se rezando ofícios espetaculares, vestindo roupas caríssimas, viajando como celebridades políticas. Nessas condições, não é estranhável que chefes de igreja possam estar cumprindo penas por lavagem de dinheiro no exterior e ainda continuem despertando êxtases em multidões.

Parece-me que essa desmontagem dos tipos deve ter algum elo com a desmoralização do legislador revolucionário. Sabemos que políticos da Revolução Francesa, imaginando que o mundo estivesse vazio depois da decadência da república romana, pretenderam vestir a toga do legislador, encarnando ideais republicanos. E muitos desses intelectuais, obviamente de origem pequeno-burguesa, trataram de agir politicamente como se fossem planejadores de uma nova era e de um tipo de ser humano.

Haveria de nascer um novo homem das mãos de um Saint-Just, de um Robespierre e, na sequência, de Lênin, Stálin, Mao, Fidel e – é horrível dizer – de um Hitler. Terminando a era das revoluções, não terminaria também a predominância moral dos tipos? Hoje em dia, em vez de legislar, em vez de conformar o homem do futuro, importa ser, antes de tudo, um vencedor tão globalizado como o capital. E, para vencer, nada melhor do que imitar os vitoriosos.

Nesse panorama, o político ocupa posição moral muito particular. É de esperar que seja um célebre empreendedor, fiel na defesa de seus representados. Poucos, entretanto, jurarão por sua honestidade e sua fidedignidade. Haverá de ter uma virtude, mas as outras somente se forem necessárias para o sucesso da carreira política. Daí importar-lhe mais a imagem do que uma forma exemplar de dever-ser. Suas ações, assim, perdem qualquer dimensão normativa explícita. Não age mais tendo em vista um ideal de ser humano; no máximo imagina poder implantar algumas obras e instituições virtuosas. Assim sendo, a imitação não normatiza.

Na medida em que o político deixa de legislar tendo em vista um tipo de ser humano, atuando tão só pensando nos futuros proveitos de suas ações, passa a ver o passado como um campo de experiências a ser explorado pelo que ele é. Convém, então, imitar o bonsucesso e, sempre que possível, fazer ignorar o exemplo passado para que ele se apresente como exemplar. O político se transforma num engenheiro inventor sem preocupação alguma com o sentido de uma vida coletiva.

Quando se pensava como estrito legislador, o político fazia da moral um dos principais eixos de sua pregação política. Quando se transforma num célebre caçador da vitória a todo custo, no máximo promove alguma das virtudes: um é fazedor, outro, justiceiro, outro, ainda, pacificador. Cada um entra no jogo político com seu capital, com sua celebridade diferenciada, mas o próprio jogo, se não procura o sentido da vida, é bem capaz de pô-la em risco. Não é por isso que, nas condições normais, a política é vista como uma das profissões mais desprezíveis, já que descuida do sentido global de nossas ações, enquanto durante uma crise é a atividade mais prezada, apresentando-se como salvação da vida?

Vivemos numa situação de crise congelada. Talvez não venha a ser por isso que encarnar um tipo moral importe tão pouco ao político? Célebres criminosos não fazem política até mesmo dentro de prisões de segurança máxima? Os bons e os maus são acolhidos no show das celebridades e, depois de começada a festa, vale quem tiver mais poder. Ora, não se imagina o poderoso sendo pego com a mão na boca da botija. Quando isso acontece no miúdo, são fajutos o seu poder e a sua celebridade.

24.2.2008

Negociando com a norma

Fui apresentado ao comissário Brunetti por uma grande amiga que, cuidando para que não me aborrecesse numa longa viagem aérea, me emprestou *Morte no Teatro La Fenice*[3], escrito por Donna Leon. Havia anos não lia um romance policial, mas já o fato de a intriga se passar em Veneza prometia o prazer de uma leitura descomprometida e nostálgica. O livro me colocou, porém, diante de um problema moral clássico, embora apresentando uma solução nada convencional. Vale a pena examiná-lo, mas para isso sou obrigado a resumir o cerne da intriga e contar seu fim. Que o leitor me perdoe, mas, se anulo com isso seu prazer de seguir passo a passo os meandros da investigação policial até desvendar o mistério, consolo-me lembrando que pode ler outros romances da mesma autora e do mesmo teor e vivacidade.

O crime ocorre no famoso Teatro La Fenice, obviamente antes de seu incêndio: o célebre maestro Wellauer é encontrado envenenado no intervalo de uma ópera por ele dirigida. Seguem-se as peripécias tradicionais da investigação policial, que vai desenhando, conforme avança, o perfil de um personagem tenebroso, colecionando todos os pecados, de nazista a perverso sexual. Finalmente o mistério se desvenda. É a própria esposa, médica, que lhe aplica doses cavalares de antibióticos, provocando a perda considerável e irreversível da audição do maestro. Assim ela se vinga, visto que o

---

3 Leon, Donna. *Morte no Teatro La Fenice*. São Paulo: Companhia das Letras, 2000.

surpreendera com sua filha adolescente numa prática de pedofilia a que o maestro, padrasto, costumava se entregar com requintes perversos. Ao perceber a situação, Wellauer se envenena – sua vida perdera o sentido –, mas prepara o cenário para aparecer a culpa de sua esposa. Vingança contra vingança.

É nessa altura que o dilema se coloca. O comissário Brunetti avalia que nenhuma corte italiana a condenaria, desde que a criança depusesse contra o padrasto. Mas isso não traumatizaria ainda mais a menina? Por sua vez, a mãe preferiria ser condenada a levar a filha a testemunhar. Dessa forma, em nome de uma justiça maior, o comissário termina seu inquérito informando a seus superiores que o maestro havia se suicidado.

Ele mentiu. Afora esse gesto ser um sintoma da descrença em que caem nossas instituições judiciárias, ainda põe a questão: até que ponto se deve dizer a verdade, quando se percebe que isso vai causar um mal maior? No plano da simples mentira, é conhecida a solução kantiana: nunca se deve mentir, uma vez que jamais se pode ter o controle total dos resultados desse ato de fala. Não pode resultar num prejuízo maior ainda a tentativa de minorar o mal? Mas o dilema de Brunetti não é somente mentir ou não. Para quem ele mente? Dada sua participação num processo de investigação institucionalizado que desencadeia, por sua vez, outros procedimentos – a acusação do promotor público e a sentença do juiz –, sua mentira, feita em nome da justiça, bloqueia o curso normal da Justiça institucionalizada. Seguem-se duas perguntas. Até que ponto é possível negociar com a norma que define uma instituição a que uma pessoa presta serviços? É possível uma justiça não institucionalizada?

Nada mais comum que o sentimento de injustiça. Reconhecemos que tal pessoa foi injustamente condenada e até mesmo que amigos íntimos podem cometer injustiça uns contra os outros. No fundo reside a sensação de que houve uma desmesura, de que se avaliou, seja uma conduta, seja uma pessoa, além ou aquém dos limites esperados. Como se medem, entretanto, tais limites? Qual é o sentido dessa desmesura? Ninguém avalia sozinho.

Posso perceber certa desmesura dos comportamentos – e é disso que se trata, de meu próprio ponto de vista –, mas, para julgar se ela existiu ou não, devo recorrer a um padrão de medida que, embora muitas vezes apenas aludido, deve ser aceito e aplicável por vários indivíduos. Nada me impede de eleger meu palmo para medir um vão que tento tapar com um objeto que há de se encaixar justamente no lugar devido. Mas, para dizer "esta distância tem três palmos", é preciso pressupor, além da língua portuguesa com seu vocabulário e suas regras, que outro qualquer, ao medir o mesmo vão por meio deste estalão, chegará ao mesmo resultado.

Todas essas regularidades estão, para a comunidade dos falantes da língua portuguesa, pressupostas na forma de vida em que vivemos, mas a mesmidade do palmo-padrão foi estabelecida por mim, sob o pressuposto de que todos poderiam admiti-la. No entanto, nas relações sociais, a avaliação de uma desmesura não segue os procedimentos desse juízo individual. São nossos juízos que precisam ser ajustados para produzir o mesmo resultado intersubjetivo, que só pode nascer do próprio inter-relacionamento social, a não ser que se pressuponha uma medida incrustada num céu platônico ou num mecanismo oculto interno ao eu, isto é, uma medida sem a atividade de medir. No fundo, ao avaliar, estamos pressupondo uma espécie de juízo social em funcionamento inscrito nas instituições.

No entanto, já a partir do momento em que enuncio meu juízo afirmando que o comprimento tem *justamente* três palmos, altera-se o sentido do advérbio "justamente". A justeza passa a ter validade objetiva. Como esta é garantida? A percepção do encaixe possível se refaz nesse momento da enunciação que transforma meu palmo em regra, sob a condição de que indivíduos de um determinado universo sejam capazes de discernir *justamente* o mesmo palmo como regra. No processo, meu palmo se transformou em estalão, o objeto empírico é posto como regra pelo processo de medir, o que equivale a pressupor que qualquer pessoa, ao medir com ele, chegue aos mesmos resultados.

Ora, esses pressupostos necessitam de condições de vigilância. Meu palmo pressuposto não poderia ter diminuído ou aumentado? Por isso essa regra de medida coexiste com os procedimentos de vigilância tanto de seu padrão quanto da justeza de sua aplicação. Trata-se de uma regra que só é aceita se forem dadas as condições para vigiar seus procedimentos; ela existe como regra para mim e para outrem, sendo que sua existência, além do enunciado dela, pressupõe, para seu exercício, a existência de mecanismos capazes de assegurar seu bom funcionamento. Uma regra que nunca pode ser adequadamente ou bem seguida não é uma regra.

Convém notar que a avaliação do "bom" funcionamento da regra pode ser feita de várias perspectivas: tanto do lado quantitativo, se o padrão palmo der resultados com a precisão devida, como do lado qualitativo, se a flexibilidade do palmo servir para selecionar, por exemplo, objetos mais bonitos. Mas, para a questão posta, interessa apenas examinar sob que condições se mede a justeza das ações.

Ela varia de sentido conforme ficam estabelecidas as condições de sua vigilância. Suponhamos dois amigos lutando boxe: eles medem seus golpes de modo a não ferir o outro. Mas, se um deles exagera e sangra o nariz de seu companheiro, pode pedir-lhe desculpas ou aguentar calado um soco mais forte de revide. No primeiro caso, a linguagem serviu tanto para reconhecer a desmedida como para saná-la, reforçando a justeza da boa intenção, uma vez reconhecido o erro. No segundo, o primeiro excesso foi compensado pelo outro, cada parte julgando justo intercambiar o exagero pelo revide.

Cria-se, assim, uma escala de referência em que as duas desmedidas poderiam ser comparadas. Importa, porém, salientar que os parceiros, nas situações mencionadas, não abrem mão de avaliar eles próprios a justeza dos procedimentos compensatórios. São eles atores e juízes, embora não haja de antemão, nesse caso, uma medida precisa a distinguir a ação adequada da ação exagerada. Por isso eles se colocam no nível de uma moralidade, digamos assim, subjetiva, eles mesmos mantendo sob controle os procedimentos de vigilância necessários para o ajuizamento.

Em situações mais complexas, em que o outro pode ser qualquer ou anônimo, em particular nas relações sociais em que o outro é vicário, não há como manter essa proximidade entre o exercício da regra e os procedimentos de sua vigilância. Nesse plano, que chamaremos de moralidade objetiva, a justeza da aplicação da regra e a justiça de sua vigilância dependem da existência de instituições – vale dizer: normas estipuladas a que os atos se reportam – assim como de hábitos regulados. Nessas condições, o exercício de uma regra pela qual os indivíduos pautam suas condutas, ou melhor, o exercício da norma, depende da existência de procedimentos institucionalizados, hábitos que, embora procedam de juízos anteriores, estão congelados. Os indivíduos agem reguladamente, mas sem pensar.

No plano da moralidade subjetiva, para pedir desculpas, por exemplo, é necessário saber falar uma língua ou escolher gestos adequados; para aceitar o soco de compensação sem brigar, é preciso saber tacitamente avaliar tanto a adequação do revide quanto as consequências de uma ruptura. No fundo, importa aqui os atores procederem e quererem, sobretudo, manter por seus atos a existência de uma relação face a face em vez de simplesmente ter assegurada a validade da regra. Na moralidade objetiva, porém, em vez da existência do outro, precisa-se da regra pela qual esse outro se define como parceiro. O outro se torna um indivíduo qualquer, simples candidato que pode vir a ser parceiro. A manutenção da regra se torna, desse modo, condição de uma relação social possível.

Nessas condições, só se torna viável seguir uma regra se existe um terceiro cuidando de sua vigilância. A despeito de uma depender da outra, a normatividade da regra parece isolada da normatividade da vigilância, pois dois tipos de institucionalidade se constroem. O primeiro diz respeito à criação de uma terceira instância em que um indivíduo (ou um conjunto de indivíduos) acresce a seus comportamentos interpessoais a tarefa de vigiar o bom funcionamento de uma regra ou um sistema de regras.

Como essa dupla função confere à instância julgadora a possibilidade de confundir seus padrões particulares com os padrões de vigilância de regras coletivas, é natural que tais regras sejam enunciadas e codificadas como limites das ações a serem medidas. Do mesmo modo, porém, o exercício da norma de vigilância necessita de procedimentos que venham ajustá-la, capazes de controlar sua desmesura. Como evitar, porém, a reincidência ao infinito? Graças à existência de algo *sui generis* que indica que qualquer um dos seguidores da primeira norma será igualmente tratado segundo sua existência social. No que consiste este algo?

Até agora evitei o uso do vocabulário dos juristas, pois suas práticas são acompanhadas, em geral, de uma prosa eivada de pressupostos filosóficos. Mas convém distinguir a norma positiva, a regra existente a que as pessoas se reportam, da norma de justiça, guardiã de um dado sistema positivo. Essa norma de justiça diz respeito à maneira pela qual a norma positiva deve ser instituída, a fim de que ela seja tanto válida como capaz de ajustar as inevitáveis diferenças de sua aplicação. Por isso é vazia, porquanto assegura que o conteúdo da norma positiva, ao ser aplicado, pode ser ajustado, mas não informa o estalão a ser usado.

Fórmulas como "a cada um aquilo que é seu" ou "não faças aos outros aquilo que não queres que façam a ti" não dizem como distinguir o "meu" e o "teu", o que não quero para mim etc. Por isso a norma de justiça nunca pode ser um princípio, fundamento moral que legitima uma norma positiva, porquanto nada se constrói sobre uma regra que não possui conteúdo, que não diz o que é e como se discrimina, por exemplo, o "meu" e o "teu". É por isso que a norma de justiça depende do direito positivo, que lhe dá o critério regulador. Numa sociedade estamental, por exemplo, aceita-se uma distribuição de riqueza diferenciada, segundo o status social; numa sociedade democrática, essa diferença é admitida se um aumento dessa riqueza for distribuído de modo a favorecer os menos ricos e assim por diante.

Se há uma determinação recíproca, portanto, entre norma positiva e norma de justiça, o desafio é entender o sentido dessa codeterminação. O que significa dizer que é injusto um dado sistema de normas, a partir do qual sentenças válidas são pronunciadas? Antes de tudo, é preciso compreender que a legitimidade, embora condição necessária, não é fundamento, como se as normas estivessem ligadas por um elo lógico dedutivo que remetesse a uma pedra de toque irremovível. Sobre o vazio nada se constrói. Mas existem outras espécies de necessidade. Para jogar xadrez, não são necessárias peças ou sinais perduráveis? Por isso me voltei para o modo pelo qual uma regra, ao ser aplicada, deixa uma zona de indefinição cujos limites, em certos casos, precisam ser vigiados.

Toda vez que os comportamentos se ajustam como se os agentes fossem vicários, indivíduos quaisquer de uma dada sociedade, a norma que seguem necessita de outra norma de vigilância: uma não existe sem a outra. É o que acontece, por exemplo, numa situação de mercado, que não se instala sem um tribunal para julgar os casos litigiosos. Isso não acontece com o escambo, mas, nessa situação, os objetos trocáveis não são quaisquer.

A norma de vigilância, porém, também precisaria de outra para compensar os desvios de sua aplicação, de sorte que só se evita o regresso ao infinito quando uma norma passa a existir como ideia reguladora, presente como representação coletiva de todos os membros de uma sociedade. Essa norma formula apenas um saber apreendido da necessidade de um sistema de normas positivo e seu bom funcionamento. É como se cada um de nós fosse ao mesmo tempo um tribunal, sabendo tacitamente distinguir o justo do injusto. Mas esse saber só se exerce se emprestar de outra norma positiva os conteúdos que desenham o perfil do justo e do injusto.

A norma de justiça formula esse saber, essa faculdade coletiva de julgar, mas ela só funciona movimentando normas positivas, vigiando o funcionamento delas, guardando seus limites imprecisos, quer confirmando, quer infirmando a validade delas e, por isso, colaborando para que existam como tais ou sejam reformadas. Em outras palavras, a norma de justiça formula um saber regular que resulta do funcionamento de um sistema jurídico positivo, mas que, graças a esse mesmo funcionamento, se transforma em sua condição necessária.

Se eu admito, por exemplo, que é justo executar um assassino, é porque estou reafirmando a validade da lei que o condena, assim como a lisura do processo de seu julgamento; se condeno essa medida, estou prestes a reformá-la. Mas, em ambos os casos, estou admitindo como necessária minha faculdade de julgar, de formular leis e chegar a resultados que, dentro de certos limites, confirmam essas leis, faculdade que só existe, aliás, como traço deixado pelo percurso da aplicação das regras. O sentimento de justiça é a presença dessa capacidade que somente se exerce associada a uma norma positiva. E, quando essa norma se exerce entre indivíduos quaisquer, um terceiro ajusta a desmesura de suas aplicações. Este intermediário atua de modo que suas atividades sejam ao mesmo tempo conduta e norma, ato e sentença. Somente por ele se estabelece um sistema de equivalência das ações.

Compreende-se agora o engano do comissário Brunetti: ele confunde moralidade subjetiva e objetiva, assume o controle de uma vigilância que somente vem a ser no quadro de um sistema de normas institucionalizado, movido por funcionários como ele mesmo, capazes de agir segundo sua própria consciência e segundo o cargo. Confunde a justiça, somente alcançável pelo funcionamento de instituições judiciárias, com a justeza de ações face a face. Pretende corretamente proteger a menina abusada, mas, ao retirá-la do processo, deixa de cumprir regras da instituição a que ele pertence e, assim, destrói o próprio sentido de sua investigação.

Não haveria meios mais sutis de a menina prestar depoimento? Além do mais, o ato vingador da mulher, ao administrar grandes doses de antibióticos, como se eles fossem vitamina, viola artigos do Código Penal, que o promotor deveria consultar e o juiz, aplicar. Em vez de agir na qualidade de comissário, Brunetti age como um amigo a quebrar galhos, terminando por sugerir álibis para que a mulher se torne convincente no seu depoimento.

Convenhamos, as instituições da justiça são defeituosas, muitas vezes ineficazes, se não corruptas. Mas sem elas não há justiça, a não ser um sentimento, um saber ajuizar que só pode valer entre pessoas conhecidas. Por isso é preciso, como sempre, redesenhar os limites entre os quais os resultados da aplicação da norma se encaixam: o preço da justiça é a constante reforma das instituições judiciárias.

4.8.2002

Os amigos perdidos da velhice

Os verdadeiros amigos se fazem na juventude. Na velhice, muitos se perdem. Não aqueles ceifados pela morte, pois esses continuam na memória como pontos de referência, intacta vibração demarcando o terreno de nossas solidariedades passadas, mas aqueles consumidos pela própria dialética da amizade contemporânea.

A consolidação da intimidade como terreno peculiar de nossa sociabilidade empresta à amizade novo sentido. Tudo depende de como nos relacionamos com a norma moral. Nossa experiência com o dever foi relativizada pela diversidade dos sistemas morais com que convivemos. Por certo agimos em referência a um deles, seguimos regras a que outros também se submetem, mas somos obrigados a reconhecer que nem sempre o conteúdo dessas regras é vivido e implementado da mesma maneira por todos aqueles com quem mantemos contato.

Por trás da universalidade abstrata da norma como opinião, se escondem exercícios diferentes. A todos, por exemplo, devemos respeito, o reconhecimento de que o outro é uma espécie de coisa sagrada, que deve ser aceito na sua peculiaridade, quer como ser configurado pelas relações que mantém com seu mundo, vale dizer, como agente, quer como alguém que foge das regras de seu mundo e do meu. Ora, o respeito que se deve ter pelo outro quando se apresenta como fissura do mundo é muito diferente daquele respeito que o toma como agente de uma comunidade ética.

Lembremos que essa comunidade se amplia ou se estreita ao sabor das práticas históricas. O ser humano deve ser respeitado, mas o escravo, como diziam os antigos, é antes de tudo instrumento vocal. No entanto, eles mesmos o descobriram como ser dotado de razão e amigo. Como analisar essa mudança de aspecto? O outro se apresenta também como fonte de invenção, de surpresas, que colorem o mundo vivido e presente com pigmentos ainda desconhecidos.

Uma cena do filme *Amistad* (1997), dirigido por Steven Spielberg, ilustra o que estou querendo dizer. Depois de se revoltarem contra traficantes espanhóis que os levavam a um mercado de escravos, africanos são aprisionados pelas autoridades da Nova Inglaterra. Se eles fossem apenas mercadoria, coisa em contraposição à pessoa, deveriam ser devolvidos aos seus legítimos donos, os espanhóis, ou, caso contrário, remetidos para a África. A dificuldade de enquadrar esse caso na regra ainda se complica pelo fato de a sociedade estar cindida, prestes a entrar na Guerra de Secessão (1861-65), que aboliria de vez a escravidão na América do Norte.

Diversos sistemas morais se confrontam, na medida em que as respectivas comunidades entram em luta, delineando diferentemente o âmbito do que deve ser respeitado. Aos poucos, porém, são os próprios africanos que vão demonstrando sua humanidade, até que, num dado momento, ela é finalmente posta e reconhecida. Isso acontece quando o líder dos prisioneiros, Cinque, em pleno julgamento, se levanta e exclama em seu inglês quebrado: *"Give us free"*. Impossível desconhecer o apelo expresso na língua dominante e feito por indivíduos que acabaram de revelar sua própria história.

Ao mudar o aspecto pelo qual são vistos, os outros se integram numa mesma comunidade ética, de ambos os lados se torna possível invocar seus antepassados comuns, a fim de que, estando presentes no corpo do tribunal, possam orientar a determinação do caso, situado agora em vista da transcendência do mesmo mundo. O outro rompe o véu de sua alteridade distante, e os dois mundos se fazem um só.

Hoje em dia convivemos com uma forma peculiar de alteridade pela qual o outro é querido antes de se pôr como caso da regra. Não é o que ocorre com nossos amores, das mais variadas espécies? Se meu filho tivesse cometido uma infração imperdoável, sem dúvida preferiria que ele existisse, a despeito de sua falta. Isso nem sempre ocorre com os agentes responsáveis pela implementação das regras da moralidade pública, pois, antes que existam, importa a norma independentemente de quem deva segui-la. Não é possível viver em sociedade sem regras morais que delimitem o modo de viver em público; isso se impõe antes que se leve em consideração quem está seguindo essas regras.

Esse distanciamento entre a intimidade e a moralidade pública redefine, então, o sentido da amizade, que se apresenta como colchão amortecendo os rigores do polo da intimidade e do polo da moralidade pública. O amigo é o conivente, aquele com o qual se convive e, de certo modo, nos ajuda a negociar com as normas. No final das contas, o amigo também é nosso quebra-galho, coloca-se ao nosso lado disposto a considerar certos atos como fugindo ao estrito cumprimento da regra. Visto que certas ações nem cumprem nem infringem uma determinada norma, mas se põem como casos ambíguos (isso "não é bem assim", tal como foi prescrito pela regra), a amizade contemporânea passa a jogar no interior dessa zona cinzenta. Espera-se do amigo a solidariedade, que ele esteja conosco para suportar as vicissitudes da vida, inclusive as do seguimento das normas. Por isso, ao contrário do que acontecia na Antiguidade, hoje não é imoral ser amigo de pessoas não tão virtuosas.

É precisamente essa moderna negociação com a norma que se complica com a chegada da velhice. Em termos gerais, o outro falha ao deixar de corresponder às expectativas de solidariedade. Logo no início de seu diálogo *Catão maior ou da velhice*, Cícero comenta que o velho tende a ser mais virtuoso que o jovem, pois a virtude se aprende com o passar dos anos. O mesmo acontece com o ser humano moderno, mas, para nós, que experimentamos a diversidade dos sistemas morais, a tolerância se torna a virtude capital. Ora, se o ancião tem mais oportunidades para aprender a ser tolerante, em contrapartida, esse progressivo exercício da tolerância vem especificá-la e ponderá-la de maneira diferente. Nem todos aprendem a ser tolerantes para as mesmas coisas ou desenvolvem a mesma medida para suas tolerâncias.

Obviamente, é quando os amigos vão para o espaço público que essa dilaceração torna-se mais intensa, pois aí a regra é querida antes do caso. Mas, já que só vem a ser totalmente compreendida pelo caso, alguns deixam de ser apenas repetições e passam, então, a ser iluminados de modo diverso, apresentam-se sob novo aspecto, conforme o julgamento se faça a partir da prática de grupos diferentes, quando não antagônicos. A essa altura do aprendizado da virtude, o sujeito julga intolerável o que outro julga de modo contrário. A diferença não tende, assim, a ser julgada como traição? Se a política separa amigos de inimigos, ela, a despeito de construir uma teia de alianças, não é igualmente celeiro de inimizades?

Além do mais, os membros de um mesmo grupo não tendem a ponderar diversamente o contato com essa alteridade? "Você traiu nosso passado comum, sendo conivente com nossos inimigos", assim alguém acusa, com dedo em riste. No entanto, ainda no mesmo grupo, os julgamentos tendem a diferir, na medida em que o poder de cada um é ponderado diferentemente. "Você não me apoiou como devia", dirá um amigo, embora atribua ao acusado mais poder do que ele tem de fato. "Você não percebeu que está sendo utilizado por outrem em meu prejuízo", dirá outro. "Você não me deu aquele meio ponto necessário para eu passar de ano", quando a questão é julgar o desempenho em geral.

Desse modo, se com o tempo todos nós vamos aprendendo a ser mais tolerantes, nem sempre nos tornamos tolerantes em relação às mesmas coisas, de sorte que, pouco a pouco, intolerantes na nossa tolerância, vamos cortando os laços com os amigos feitos na juventude.

Haveria forma de evitar essa perda? As vicissitudes do cumprimento da regra moral podem ser evitadas, na medida em que ela passa a ser efetuada automaticamente. O puritano é o autômato da virtude, transforma suas ações num ritual que segue sem alma uma coreografia previamente definida. Não existe, hoje em dia, certo puritanismo da amizade? Isso ocorre quando alguém abraça um amigo como se fosse um amigo qualquer, com o mesmo respeito neutralizado, como se todos fossem igualmente ponderáveis, como se cada um não possuísse estilo peculiar em sua dança da vida. No circuito dessa prática, o indiferente não perde amigos porque não os tem de fato. Mas, dessa perspectiva, valeria a pena ter amigos, quando a diferença em tê-los serve apenas para encobrir uma profunda solidão, quando o preenchimento da norma se converte num invólucro vazio para evitar o risco de viver?

5.8.2001

Modos de filosofar

Bento Prado Jr. e o mundo da vida

Elegante no pensar e no trato, rebuscado no vestir, Bento Prado Jr. colocou uma gravata-borboleta no blusão de seus colegas filósofos e no terno de seus amigos literatos. Mas o que parecia dessueto no exterior casava-se perfeitamente com sua incansável procura pelo pensamento refinado. Aliás, refinamento muito especial, avesso a sistematizações, a essa mania de colocar as ideias no lugar, como se elas ainda pudessem, cartesianamente, serem encadeadas numa longa série de razões. Daí a dificuldade de encontrar o pensamento do filósofo Bento, pois ele aparece apenas nas entrelinhas dos arranjos que montava com textos de autores escolhidos a dedo.

Não é surpreendente que, no início de sua carreira, lá pelos anos 1950, tenha, como todos nós, se deixado fascinar pela fenomenologia. Mas havia fenomenologia para todos os gostos. Fui um dos primeiros a descobrir que ela não se resumia às lições de Heidegger, muito malvistas, pois tinham sido apropriadas pela direita paulista mais reacionária. Já tinha encontrado nos primeiros livros de Husserl a continuidade daquela lógica e daquela epistemologia que estava trabalhando com Gilles Gaston Granger.

Em contrapartida, Bento chegara à fenomenologia pela via da literatura. Sobretudo por intermédio de Sartre, cujo conceito de imaginação ele trabalhava incansavelmente. Por certo os mais racionalistas, como Gérard Lebrun e eu mesmo, o considerávamos um psicologista, aquele que mistura lógica com psicologia. E, quando Sartre publicou sua *Crítica da razão dialética*, por nós considerada o cruzamento do psicologismo com o marxismo humanista, Bento fez uma aliança com Michel Debrun, outro professor francês em nosso departamento de ultramar, para resistir a nossos ataques logicistas.

Essa diferença marcou um diálogo que durou toda a vida, às vezes muito compreensivo e amistoso, outras, áspero, até mesmo malcriado, mas sempre respeitoso. Uma diferença que, vista de hoje, me parece inscrita em nossas cargas genéticas. Pois já em 1958, quando voltava de minha primeira estada na Europa e começávamos a nos reunir para estudar *O capital*, de Marx – grupo de estudos que se transformou em mito –, Bento e eu armamos um pampeiro na tentativa de explicar o primeiro capítulo dessa obra.

É sabido que é um dos trechos mais difíceis desse livro – Marx o redigiu várias vezes e advertia o tradutor francês para não se preocupar muito com a tradução dos termos técnicos da lógica hegeliana, esta não sendo palatável ao fino gosto dos franceses. No entanto, ambos estávamos intoxicados pela fenomenologia e, como era natural, procurávamos encaixar nossas manias no texto de Marx.

Bento insistia que por trás das análises da mercadoria, cujo primeiro movimento formal resulta na categoria de dinheiro, havia uma concepção muito particular do homem, posto como ser genérico (*Gattungswesen*), o que deixava as análises de Marx na dependência de uma antropologia fundadora. Antes de entender o que era valor, seria preciso, pois, colocar a questão: o que é o homem? De minha parte, defendia um logicismo fenomenológico, segundo o qual o próprio movimento das ações humanas, no caso, o movimento de ajuizar os valores, seria responsável pela transformação do valor de uso, a coisa tal como é prezada pelos agentes, em valor de troca, primeiro momento para a criação de um critério para as trocas possíveis, isto é, o dinheiro.

Essa fascinação pela vivência e pelo mundo vivido marcou o pensamento de Bento por toda a vida. É bem verdade que o conceito lhe facilitava o caminho que sempre pretendeu abrir entre filosofia, literatura e psicanálise, mas creio que lhe valeu, sobretudo, para indicar um solo da práxis cotidiana de onde as significações poderiam ser depuradas. Muito próximo, portanto, do conceito de mundo da vida, que, nos últimos trabalhos de Husserl, lhe servia para pensar os da geometria como idealização das práticas de agrimensura e assim por diante. Mas, sem essa idealização, essa passagem das práticas psicológicas para uma intuição de essência, o processo se escoa para o infinito. Não é à toa que Bento se encantou com Gilles Deleuze, Jacques Derrida e outros luminares do Olimpo parisiense.

Sua morte é penosa para todos, da minha parte interrompe a última fase do mesmo diálogo. No esforço de nos libertarmos das armadilhas de uma filosofia da consciência, mergulhamos nos trabalhos de Wittgenstein, numa lógica da linguagem que pode nos levar a entender melhor em que consiste o movimento criador e pensante da ação humana. Logo, porém, as dissensões se armaram. E, sobre um conceito tão cabeludo quanto indispensável, que é o conceito de mundo, Bento continuou a pensar que o mundo da vida é o terreno cujos elementos precisam ser mobilizados para que se formem jogos de linguagem. No final das contas, para que o pedreiro e o aprendiz se entendam na troca de serviços, ambos precisam estar no mundo, onde reconhecem desde logo tijolos, areia e outros materiais.

Não nego esse aspecto do conceito de mundo, mas não abro mão de situá-lo como um conceito lógico, isto é, um conceito que serve para descrever o funcionamento de um jogo de linguagem. Se por certo a pedra está no mundo, seu nome se dá como uma figura ambígua, que, de um lado, fala de uma coisa, de outro, é um elemento necessário ao exercício de um jogo de linguagem. Sob esse aspecto, "pedra" é um conceito lógico, descreve o funcionamento dele.

Sua morte interrompe esse diálogo e me priva de um amigo adversário. Visto que em geral só penso na contramão, uma parte de mim mesmo foi-se embora.

28.1.2007, publicado com o título "Diferenças genéticas"

A instituição no passivo

Neste fim de ano recebi de Claude Lefort um novo livro de Maurice Merleau-Ponty, *L'institution – La passivité*[1], com o seguinte comentário: "Creio que vai lhe interessar muito, pois está na linha do que v. está pensando, embora Merleau tenha abandonado essa linha de pesquisa". O Collège de France costuma publicar resumos dos cursos que abriga, mas, ao resumo daquele dado por Merleau-Ponty entre 1954-55, Lefort acrescenta suas próprias notas e outras, de Dominique Darmaillacq e Stéphanie Menasé. Ao todo, resulta um texto completo, embora às vezes esquemático. Entre o sujeito e o objeto, tais como são pensados tradicionalmente pela filosofia da consciência, introduz instituições, séries de comportamentos regulados e que se objetivam por essa regulação. Em contrapartida, passa a situar no lado passivo do espírito fenômenos que escapam a essa institucionalização, como o sono, os sonhos e assim por diante.

Li o livro com deslumbramento, pois era como se eu tivesse sido influenciado por um curso a que não assistira, já que foi somente no fim de 1957 que me incluí entre os auditores do Collège de France. Será que no prolongamento da reflexão de Merleau-Ponty, que tanto me animou, ainda permaneciam traços da antiga linha de pesquisa? Onde se colocou o ponto de ruptura, mas de tal modo que um estudante pudesse voltar ao caminho abandonado?

[1] Merleau-Ponty, Maurice. *L'instituition – La passivité*. Paris: Editions Belin, 2003.

Em contraposição a uma filosofia que se contenta com o jogo de formas e de conteúdos, a fenomenologia contemporânea tratou de lidar com um sujeito instituinte e instituído, de tal modo que, se o eu constitui, isto é, dá forma ao mundo e aos outros, ele tem ainda de dar conta tanto de sua própria identidade quanto da identidade do outro e do modo como este outro o identifica. Nessas condições, o sujeito se converte num campo de outros campos, isto é, de ordens de acontecimentos possíveis. Em particular, visto que o outro sujeito surge para o eu dotado do mesmo movimento de se abrir para um horizonte indefinido, entre nós todos, conclui Merleau-Ponty, se insere um campo intersubjetivo ou simbólico, aquele dos objetos culturais, meio no qual estamos vivendo.

Na caracterização desses objetos, Merleau-Ponty aproveita as lições de Ferdinand Saussure, que pensa diacriticamente os sentidos característicos deles, de tal modo que se conformam segundo as diferenças que seus elementos relativamente simples demarcam entre si. A partir desse esquema, passa a estudar, então, vários tipos de instituições pessoais ou impessoais, dizendo respeito aos sentimentos e a outras construções, como as obras de arte e as relações sociais.

Isso o leva a passar em revista e comentar livros como *Em busca do tempo perdido*, de Marcel Proust; *Perspectiva como forma simbólica*, de Erwin Panofsky; *Raça e história* e *Estruturas elementares do parentesco*, de Claude Lévi-Strauss; *O problema da incredulidade no século XVI*, de Lucien Febvre – refletindo, pois, sobre momentos críticos do pensamento da época, com o intuito de sublinhar como essas formas e essas estruturas se entrelaçam mediante objetos que se convertem em mediadores das próprias ações, conforme venham a conservar atos que se tornam, assim, objetivos e intersubjetivos.

Não está no livro, mas vale a pena lembrar o dinheiro como exemplo de instituição. Haveria instituição mais simples? A partir do momento em que uma moeda passa a mediar as relações de compra e venda, essas relações adquirem uma objetividade que escapa do ato presente e até mesmo da memória imediata. Não vem a ser uma espécie de memória social e horizonte de ações futuras? Por isso tal instituição, como tantas outras, ganha uma realidade eminentemente temporal, pois a moeda não é apenas percebida, mas ainda apresenta gestos de trocas passadas e futuras.

Daí resulta que os próprios trocadores não se constituam apenas como meros portadores passivos da estrutura de troca, mas ainda, como acontece com outras identidades sociais, eles se dão como ausência a desenhar uma história que nada mais é do que a repetição dessa ausência. O que seria da moeda, instituição da troca, sem a representação de uma presença de alguém que, no futuro, a receberia em troca de uma mercadoria qualquer, mas igualmente sem o saber de que isso pode não acontecer?

No entanto, essa análise, que provavelmente Merleau-Ponty teria escrito, deixa escapar como o curso da moeda também suprime o tempo, instaura uma temporalidade própria, na medida em que esse mediador das trocas pode ser substituído por outra moeda de mesmo valor. O papel mediador dessa peça de ouro apenas configura o mesmo valor de tantas outras peças de ouro do mesmo peso. É como se, na relação de troca entre eu e outro, a moeda, vindo a ser norma dessa troca, se construísse como subjetividade que se desenvolve num tempo próprio, ou melhor, que passa pelo tempo para suprimi-lo. O ato de troca posterior que lida com os mesmos valores configura a mesma troca, na medida em que manipula moedas, até mesmo diferentes, mas de mesmo valor. Por isso a moeda configura a identidade do mercado.

Para Merleau-Ponty, a instituição demarca apenas uma história retrospectiva. Tomemos o caso da pintura, exemplo analisado no livro. O pintor não trabalha ao acaso. Qual é, porém, o todo a que se reporta, se esse todo muda de aspecto conforme o pintor vai criando sua própria obra? Não redesenha, conforme vai pintando, essa obra e a pintura como um todo? Se há uma lógica criando-se ao longo do trabalho do artista, ela não pode ser direta nem mesmo acabada. Como exprimir filosoficamente esse sentido?, pergunta Merleau-Ponty. "A noção de instituição [é a] única capaz de fazê-lo, como abertura de um campo no interior do qual é possível descrever [frases]; não há apenas um pulular de obras e de achados, mas tentativas sistemáticas – um campo que, como o campo visual, não é o todo, não tem limites precisos e trabalha sobre outros campos."

Seja a moeda, seja um quadro, todos são objetos reportando-se a uma totalidade em se fazendo, mas que se reduz a percepções e a gestos. Daí definir a instituição nos seguintes termos: "Entende-se por instituição esses acontecimentos duma experiência que a dotam de dimensões duráveis em relação às quais toda uma série de outras experiências ganhará sentido, formará uma sequência pensável ou uma história, ou, ainda, esses acontecimentos que depositam em mim um sentido, não a título de sobrevivência ou resíduo, mas como apelo a uma sequência, exigência de um futuro". Se, por certo, uma instituição consiste numa série de experiências, num campo, a sequência delas, mais do que depositar em mim um sentido, não transforma determinados objetos em presença de sentidos? Se, de fato, uma instituição se inicia como série de experiências, logo não vem a ser matriz de experiências? Não é por isso que se vê um quadro, assim como ele nos faz ver?

Ao conter sua análise dentro dos limites de uma fenomenologia da linguagem, Merleau-Ponty precisa considerar a obra de arte, assim como todas as instituições, como um processo eminentemente temporal: "É escrevendo ou pintando que se encontram [as obras]. Não por relações associativas de linguagem e de cores". Mas e se as relações entre as frases ou entre as cores fossem mais do que meras associações e se, como Goethe tratava de examinar, entre essas cores se criam relações internas, aquelas que valem e aquelas que não valem?

Se a lógica se mantém indireta e inacabada, em que medida ela ainda é lógica? Logo no início de *Signes* encontramos um artigo, "A linguagem indireta e as vozes do silêncio", elaborado no início da década de 1950, no qual Merleau-Ponty converte numa linguagem indireta esses horizontes tácitos que cada obra de arte traz em si mesma, tempos antes descritos, aliás, admiravelmente, por André Malraux. Essa linguagem é pensada na tradição da fenomenologia e, mais do que uma instituição, ela é um signo, processo de remissão a uma exterioridade, mas que nesse processo perde seu próprio núcleo duro de coisa mapeada. A distinção saussuriana entre língua e palavra, entre uma estrutura diacrítica e o ato da fala, é transformada num processo de reflexão em que o sujeito se reporta às coisas e aos outros mediante atos de fala que atribuem à estrutura uma identidade sempre se diferenciando de si mesma.

Lefort, no prefácio, nota que Merleau-Ponty, nesse artigo sobre a linguagem indireta, mostra que o pintor apenas leva mais longe os traçados já esboçados no mundo, seja em suas próprias obras, seja nas obras do passado; em resumo, trata de converter costumes em instituições. Mas, desse modo, mantém o existente na medida em que o ultrapassa; conserva, destruindo; interpreta, deformando; dá novo sentido àquilo que, todavia, já antecipava esse sentido.

Essa solução me parece insuficiente, na medida em que deixa de lado o novo estatuto adquirido pelo objeto mediador. Além de ser uma referência a trocas futuras e depósitos de trocas passadas, a moeda é um objeto que parece possuir a virtude de conservar valor e, no capitalismo, de criá-lo. Sem isso, como se explicaria o comportamento do entesourador e do investidor? Do mesmo modo, um quadro, para se fazer ver, parece conduzir nosso olhar antes de tudo pelo jogo de seus elementos relativamente simples.

Desse ponto de vista, além de se temporalizar, a instituição cria uma copresença, uma história que deixa de lado o vir a ser para se constituir como figura, imagem, na qual as partes parecem se ligar umas às outras. O desafio é explicar como os comportamentos e as consciências se movem em vista dessas aparências. Mas não seríamos, com isso, obrigados a deixar de lado a concepção fenomenológica de linguagem, que pensa os sentidos deixando de levar em conta o uso dos objetos que os apresentam?

9.1.2005, publicado com o título "Instituição e passividade"

A primeira morte de Wittgenstein

Há 50 anos, no dia 1º de maio de 1951, era enterrado no cemitério de Saint Giles, em Londres, Ludwig Wittgenstein, morto dois dias antes, em 29 de abril de 1951, vítima de câncer. Apenas alguns amigos estavam presentes, conferindo à cerimônia aquela atmosfera de intimidade que o filósofo, nascido em 26 de abril de 1889, em Viena, sempre prezou. Mas sua fama já havia percorrido a Europa: seu pequeno livro, *Tractatus logico-philosophicus*, publicado em 1921, fazia parte da bibliografia básica de qualquer estudante de filosofia. Poucos, entretanto, sabiam que o grosso de suas investigações permanecia inédito, apenas alguns textos circulavam de mãos em mãos.

Difícil separar o personagem de seu mito, cada acontecimento de sua obra ou de sua vida carrega uma multiplicidade de sentidos, abrindo caminho para interpretações diversas, até mesmo antagônicas. Ensinava que a língua dos filósofos estava deformada, como se crescesse dentro de sapatos apertados demais, mas será possível dar sentido a essa demasia sem experimentar nossos próprios excessos?

A crônica do *Tractatus* (primeira tradução brasileira em 1968, pela Companhia Editora Nacional, e a segunda em 1993, publicada pela Edusp) é sintomática. O livro aparece numa revista fora do círculo filosófico ainda com o título em alemão, *Abhandlung*, substituído, na tradução inglesa, pela palavra latina, o que cria uma aura, uma estranheza de sentido, ao mesmo tempo em que situa o texto na linha direta dos tratados de Espinosa.

O *Tractatus* é apresentado como um sólido transparente e tão claro como o Sol, pretendendo delinear nitidamente o que se pode falar e, por conseguinte, o que se deve calar. O inefável, porém, é mais importante do que o dizível, já que a linguagem, humilhada dentro de seus limites, obrigada a só falar do mundo dos fatos, abre o abismo do místico, em que a moralidade e a beleza se situam. Mas como se há de falar dos limites da própria linguagem, sendo que essa tarefa só pode ser cumprida por quem sabe falar? Desse modo, o discurso sobre esses limites vai além das fronteiras do que ele mesmo determina como legitimamente dizível, indica uma relação entre as proposições e os fatos que não pode ser dita, mas precisa ser manifestada, mostrada.

O *Tractatus* desenvolve um discurso terapêutico que há de consumir a si mesmo, excesso a ser desprezado, escada a ser abandonada depois de nos levar ao mais alto. Mas é forjado de tal forma, esculpido numa técnica cubista, que nos lembra os trabalhos de Picasso e de Braque, criados anos antes: a figura da guitarra é rigorosamente composta por linhas geométricas, mas de tal modo que apenas insinua uma guitarra real. A linguagem da filosofia é infeliz porque se contorce sobre aquela felicidade de que o próprio Wittgenstein diz participar. Antes de morrer, por seu médico envia aos amigos o seguinte recado: "Diga-lhes que essa vida foi para mim maravilhosa". Como pôde ter essa avaliação de si mesmo depois de ter passado pelas maiores tribulações? Obviamente cada corrente do pensamento tem lido o *Tractatus* a partir de seus próprios pressupostos. Os filósofos do Círculo de Viena, responsáveis pela celebridade inicial do texto, se entusiasmaram porque nele encontraram armas potentes para arruinar toda e qualquer metafísica. Salientaram o que se podia falar, deixando na sombra o inefável – por isso mesmo são positivistas. No entanto, o enorme alcance do livro escapava aos amigos mais íntimos do próprio Wittgenstein, cuja influência, ele mesmo reconhecia, esteve mais ligada à fama de um jargão do que a um pensamento.

Isso se percebe claramente nas relações que mantém com Bertrand Russell. Wittgenstein vai a Cambridge para trabalhar com ele, toma suas lições como fio condutor de suas próprias reflexões, torna-se amigo de amigos dele, pede-lhe que escreva o prefácio do *Tractatus*. Mau passo, pois, quando o recebe, vê que Russell não tinha entendido as sutilezas do texto. Situação que permanece ao longo dos anos. Em 1929, depois de quase uma década sem se dedicar plenamente à filosofia (não tinha ele resolvido seus problemas fundamentais com a publicação de seu opúsculo?), Wittgenstein volta à Universidade de Cambridge e se submete ao ritual do doutoramento, apresentando o *Tractatus* como tese. No final da arguição, muito informal, Wittgenstein lamenta que Russell continuasse a não entender o livro.

É notável, entretanto, que, à medida que o próprio Wittgenstein vai compreendendo o alcance de seu texto, passa a abandonar suas teses principais. Para mostrá-lo, vale a pena sublinhar dois de seus pontos de partida. A linguagem é vista, em primeiro lugar, como uma espécie de mapa do mundo, a cada figura do mapa devendo corresponder uma espécie de átomo do real.

O que nos garante, porém, ser possível analisar os elementos da linguagem, de tal maneira que um nome, elemento da proposição, possa designar um, e um só, átomo do real? O pressuposto de que um significado deva ser completamente determinado, que seu uso dependa de um paradigma indeformável. Mas, se o sentido for o próprio uso, esse desdobrar de aspectos alinhavados por uma semelhança de família? O nome "mesa", por exemplo, haveria de ser capaz de indicar precisamente aquilo que é dito mesa, separando daquilo que é dito escrivaninha, banco etc. Como isso não acontece com ele, para manter o princípio da determinação completa dos sentidos, serei obrigado a considerá-lo complexo, formado de outros nomes ocultos.

Desse modo, no final da ponta da análise, sempre um objeto simples haveria de encontrar seu nome, condição de possibilidade de seu significado unívoco. Note-se que essa concepção pressupõe que a língua de fato proferida tenha como paradigma uma língua original, adâmica, na qual as proposições possam ser reduzidas a um encadeamento de nomes, o qual, por sua vez, afigura os encadeamentos possíveis dos objetos simples. O funcionamento real de uma linguagem, entretanto, necessitaria desse arcabouço rígido? O ajuste das palavras não vem a ser como o êmbolo que, para se mover no interior do pistão, exige uma folga, um vão indefinido, impreciso, justamente aquilo que permite o funcionamento da peça? Em vez de imaginar a máquina ideal do mundo sendo coberta por um mapa demarcando as fronteiras do dizível e do indizível, não é mais pertinente pensá-la como nuvem que desenha no céu ora um elefante, ora uma galinha? A linguagem não se exercita como um jogo, sistema de regras que não pode determinar o resultado da partida?

O segundo pressuposto está ligado a essa dificuldade. Imaginamos sempre existir uma relação entre as palavras e as coisas. A linguagem só é mapa do mundo se houver um método de projeção ligando os elementos do mapa e os elementos do mundo. Com que direito afirmo, porém, que existe um único dentre os vários métodos possíveis? Basta lembrar como são diferentes os mapas da Terra, conforme obedecem a métodos projetivos diferentes.

Ao repensar a problemática do *Tractatus*, assumindo desde logo que a linguagem é como um jogo necessariamente ligado a zonas de indefinição, Wittgenstein está mudando o aspecto dos problemas filosóficos tradicionais e, assim, se torna um dos maiores filósofos da nossa época, um clássico sem o qual não se pode mais pensar nem mesmo os velhos problemas metafísicos.

A despeito do caráter geométrico e profético dos aforismos que compõem o *Tractatus*, não é difícil mostrar que retoma um por um os problemas da metafísica tradicional: mundo, alma, Deus – todos eles sendo considerados segundo o ser que lhes confere a particularidade de poderem ser ditos por significados perfeitamente definidos. Se a resposta é negativa, não é por isso que o livro deixa de existir como escada "necessária" para se chegar a essa visão.

Os problemas metafísicos não existem *per si*, independentemente da maneira pela qual são formulados. Tudo se passa como se estivéssemos diante daquela figura que ora é vista como pato, ora como lebre. Materialmente o desenho é o mesmo, nunca é visto, todavia, além de sua articulação como perfil de um animal. Não existem, de um lado, o problema do mundo, e, de outro, as soluções propostas. Quando se pergunta o que é o mundo, a resposta está sendo encaminhada pelo modo de perguntar. Se o ser se mostra rente à gramática de uma linguagem, se esta é considerada jogo, o mundo pelo qual se pergunta não pode se dar ao ser humano antes de que a linguagem tenha sido constituída. Mais do que a morada do ser, a linguagem é o meio pelo qual ele se mostra sendo isto ou aquilo, vale dizer, nunca como ser na qualidade de ser.

Se os problemas filosóficos são como as figuras ambíguas de pato/lebre, eles só podem ser compreendidos por aqueles que, no emaranhado do desenho, aprendam a distinguir a figura do pato, ainda quando, desprezando a ambiguidade, somente veja nela esse animal. Note-se que sem a experiência do próprio pato e da própria lebre as dificuldades de suas representações nem mesmo seriam levantadas. Para mudar o aspecto de um desenho, que funciona, aliás, por seu aspecto, é preciso adquirir uma técnica, passar por um aprendizado, treinar a vista para a variação e para o mesmo.

Por isso nunca se chega a compreender um grande filósofo, responsável pela mudança de aspecto de um problema filosófico, sem passar por uma fase em que é lido sem ser plenamente compreendido. Mas abrigaria um texto uma única leitura? Não seria a filosofia um discurso que, embora falando do mundo, da alma, de Deus, notadamente do ser, se torna necessário na medida em que o jogo da linguagem cotidiana, precisando falar do novo, começa a patinar? Se, para circunscrever essas derrapagens, vem a ser preciso investigar a gramática do jogo sendo posto em xeque, se elas só revelam seu alcance quando se aprende, pela variação dos exemplos, como certos modos de ser passam a ser ditos indevidamente, não se torna a filosofia uma terapia perene?

Entende-se por que Bertrand Russell nunca percebeu completamente o alcance do *Tractatus* e, mais ainda, que considerasse os últimos textos de Wittgenstein sem sentido e desprovidos de interesse: o esforço de criar o enviesava numa única direção. Mas também fica patente por que um filósofo criador caminha amparado numa técnica de leitura e numa visão própria, por que tanto ele quanto nós só perceberemos os erros gramaticais intrínsecos num problema filosófico depois de termos exercitado o andar numa única direção. Somente assim ela se comprova uma dentre muitas vias. O exercício da filosofia consiste no aprendizado de ver através de óculos determinados até que se revelem os limites dessa visão e surja a necessidade de mudar de lentes.

Nós, que passamos pela experiência da diversidade das filosofias e que sabemos como essa multiplicidade depende do aprendizado de ver sob aspectos diferentes, nos colocamos, então, diante de duas escolhas. Aceitando uma delas, continuamos a admitir que o aprendizado é uma escada que nos leva ao topo de um monte do qual ou as questões filosóficas se desvendariam completamente, ou se tornariam para sempre indevassáveis.

O dogmatismo, metafísica positiva, e o ceticismo, metafísica negativa, são faces invertidas dessa mesma moeda, do mesmo pressuposto de que existam significações paradigmáticas. Escolhendo outra solução, tomamos a escada como o desenho de nossas vidas, a filosofia denunciando a demasia de uma linguagem que passa a funcionar dentro dos limites por ela mesma desenhados e por ela mesma ultrapassados para poder exprimir o novo. Mas, para aprender a pensar esses limites, o filósofo fala a linguagem do senso comum, que somente funciona invadindo zonas cinzentas, criando novas formas de dizer, constatando-se como discurso demasiado, incomum.

24.4.2001

Adorno sem ornamentos

Frequentemente sou censurado por endereçar críticas abstratas, extrínsecas e superficiais a Adorno. "Ao salientar estabanadamente aspectos formais de seus pensamentos, você está menosprezando o importante: o conceito de indústria cultural, toda a estética do romance e da música, a dialética negativa e assim por diante" é o que me repetem amigos e inimigos. Mas a questão não é reduzir a estatura gigantesca desse pensador nem minimizar suas extraordinárias contribuições para o entendimento das sociedades e da produção cultural contemporâneas. Nesse plano, é de esperar de um filósofo municipal a modéstia do silêncio. A questão, porém, é examinar se a malha conceitual empregada por Adorno e seus sucessores ainda contém potencial crítico. No final das contas, o que a dialética negativa ainda pode ensinar sobre as recentes transformações do mundo contemporâneo?

A chamada Escola de Frankfurt se transformou em monumento; como tal, muitas vezes mais frequentada do que entendida. É natural que doutrinas que propõem revoluções ou mesmo reformas radicais se vejam tentadas por alguma espécie de messianismo, santificando seus heróis: são Stirner, são Marx, são Gramsci etc. Não há dúvida de que os frankfurtianos não atingiram tais picos, mas me parece que já são tratados como beatos, sendo que seus textos muitas vezes são lidos, principalmente pelos historiadores hagiógrafos, como a boa palavra revelada. Noutros termos, são lidos como série de opiniões fora das condições práticas que as tornariam verdadeiras. Não é natural que seus seguidores fiquem à espera de uma espécie de revelação?

Notável que Adorno e Horkheimer tenham preparado sua própria santificação. No livro *Minima moralia*, escrito sob o impacto do Holocausto, Adorno sintomaticamente termina com as seguintes palavras: "A filosofia, segundo a única maneira pela qual ainda pode ser assumida responsavelmente diante do desespero, seria a tentativa de considerar todas as coisas tais como elas se apresentariam, a partir de si mesmas, do ponto de vista da redenção". E prossegue: "Além desse conhecimento, tudo se exaure na reconstrução e permanece uma técnica; obter tais perspectivas sem atrito nem violência, a partir tão somente do contato com os objetos, é a única coisa que importa ao pensamento".[2] Enfim, elogio da vida beata, no máximo da prática universitária, sem as misérias da técnica política, isto é, dos atos de transformar a realidade social na medida do possível e do quase impossível.

Bem sei que "redenção" aqui é uma metáfora, mas, seja qual for seu sentido, está se referindo a uma espécie de deiscência da libertação, algo que ultrapassa o campo de possibilidades instituído pela clausura do capitalismo. Ora, pensar o conceito de capital para fazer do não capital o lado meramente negativo desse conceito liga-se a uma forma de pensar o conceito e à identidade. É sabido que Adorno e Horkheimer os entendem como uma espécie de carimbo identitário, articulando-se socialmente, cujo

---

2 Adorno, Theodor. *Minima moralia*. São Paulo: Editora Ática, 1992, p. 216.

movimento, porém, tende a revelar seu lado não idêntico. Funciona como selo marcando a cera e, por isso mesmo, criando um entorno excedente, cuja expansão não idêntica permanece, contudo, fora do alcance da razão.

Daí aquela tensão entre o universal e o particular que dispensa seus procedimentos de expressão, a configuração de um espaço técnico onde se movem. A linguagem categoriza o real já trilhado pela prática social de identificar diferindo. O conceito é para Hegel e Marx um silogismo (universal – particular – singular em miniatura), e não é porque Adorno faz dele uma forma que se deforma (universal – particular) que deixa de recair no essencialismo.

O que procurei mostrar em meu artigo "Fetiche da razão"[3]? Ser impossível fazer da linguagem mera afiguração do movimento do real, porquanto requer técnicas intermediárias específicas que permitem aplicar as regras às situações afiguradas. O grau de aplicação das identidades afigurantes depende de certas técnicas que manipulam seus próprios signos. Para isso, tomei como exemplo a construção de uma linguagem formal, no caso, a aritmética. Até mesmo uma ideia tão simples como a de número natural somente tem seu conceito explicitado quando se integra na sequência dos números reais. Mas essa expansão depende da criação de precisas técnicas de manipulação de seus signos. No caso, a invenção dos algarismos arábicos e a introdução do zero.

Se os gregos já conheciam o número irracional, como a hipotenusa de um triângulo retângulo cujos lados medem um metro,

---

3 "Mais!", *Folha de S.Paulo*, 15.6.2003.

visto que não conheciam os algarismos arábicos e o zero, só poderiam colocá-lo fora da razão. Uma notação como aquela dos romanos torna muito complicadas as operações aritméticas. Em resumo, o sentido do conceito de número está ligado a uma determinada prática, ao uso determinado de sinais, que, por sua vez, o encaminha nesta ou naquela direção. Um raciocínio, sendo uma cadeia de conceitos, traz, pois, em sua alma a tensão de ir além dele, mas isso só acontece quando tem à mão certos dispositivos práticos, técnicos, que permitem às suas regras serem efetivamente seguidas.

O que resta assim da distinção proposta por Max Weber entre razão substantiva e razão técnica? Nada. Note-se que aqueles que continuam a mantê-la só podem transformar raciocínios em cadeias de opiniões, tendendo, por conseguinte, a retirar da armadura de seus pensamentos qualquer eficácia prática.

A esclerose da razão proviria, segundo Adorno e Horkheimer, do tecnicismo provocado pelo fetichismo das mercadorias; as relações sociais que as produzem são projetadas na identidade delas, aquilo que é comum entre elas. Tudo depende, então, de como interpretam essa identidade. Mas gostaria de lembrar que o próprio Marx, considerando que as mercadorias não vão ao mercado de moto próprio, examina como os agentes se determinam para virem a ser mercadores. E a primeira condição é que sejam tomados como pessoas dotadas de direitos, já que ninguém vende e compra se um ladrão leva para casa a coisa posta à venda. Em resumo, se os valores nascem de um jogo de opiniões, de representações de um idêntico, só vêm a ser efetivos depois de trocados por agentes juridicamente determináveis, isto é, identificados como livres.

A identidade das mercadorias está ligada a uma identidade especial do agente, e vice-versa. Tão especial quanto contraditória: produzir para o mercado é tanto alienante como preparar o produtor para ser livre como pessoa jurídica. Aqui, a meu ver, reside o nervo do problema: a alienação é processo contraditório, que tanto domina como libera; na miséria do capitalismo contemporâneo há processos automáticos assim como germes de liberação. Daí a importância da política, como arte de lidar com as relações humanas ossificadas e fazer emergir os pontos de liberdade inscritos em nossas práticas cotidianas. Adorno e Horkheimer não possuem instrumentos para pensar a política como arte, pois estão sendo imobilizados por uma concepção da técnica que somente vê nela o infernal processo de automatizar. Além do mais, ao conceberem a história como fortalecimento progressivo da razão técnica, que se perfaz com a perda do momento da revolução, só resta esperar por outro surto revolucionário. Enquanto ele não vem, a tarefa é refletir sobre a arte e a cultura e mostrar como lidam com formas de dominação.

Para Adorno, a única coisa que resiste a essa reflexão irracional é o corpo, a materialidade, violência do peso muito distante daquela violência do poder, isto é, de um irracional que, em vez de fugir de si mesmo, vem a ser domado. Compreende-se por que retira da crítica da propriedade qualquer dimensão crítica. Desde o utópico Proudhon, que denuncia a propriedade como um roubo, o socialismo percebe no fundo do travejamento social dos indivíduos uma violência originária, apropriação de algo que, se é pressuposto no início do processo produtivo, há de ser reposto por esse mesmo processo como momento técnico de identidade. Uma teoria da deiscência da identidade é incapaz de compreender o núcleo identitário, posto e reposto, desse poder.

No entanto, numa sociedade do conhecimento não é precisamente isso o que acontece? O conhecimento não está dentro e fora do modo de produção mercantil? Antes de tudo é preciso pensar a propriedade, particularmente dos meios de produção, além dos termos simplórios do socialismo tradicional. Cabe notar que, numa sociedade do conhecimento e da informação, esses meios são travejados por teorias e práticas, de sorte que são apropriados mediante processos sociais muito diferentes daquele ato de posse de quem desenha um limite num terreno e declara: "Isto é meu".

Mas o que dizer de um sistema produtivo cujo desenvolvimento depende intrinsecamente de um progresso tecnológico constante e de uma ciência sempre *in fieri*, progresso basicamente controlado, apropriado, por grandes corporações? Esse lado das relações sociais de produção, cuja ossificação se completa pelo monopólio da invenção tecnocientífica, não está, em contrapartida, vinculado a um Estado, que cuida tanto de superar os obstáculos ao livre mercado quanto da regulação do bem e do mal? É de notar que seus agentes tanto são dotados de direitos como se confrontam com poderes que coagem esses mesmos direitos.

Esse monopólio da invenção consiste num dispositivo global de poder/saber que, embora entranhado em processos racionais, se funda numa violência, a meu ver, impossível de ser explicada pelo predomínio exclusivo daquilo que se costuma chamar de razão técnica. Mesmo que se venha a discutir e avaliar racionalmente o absurdo da tecnociência se tornar propriedade monopolizada por alguns, o novo poder só pode ser pensado e combatido enquanto na sua própria racionalidade técnica já estão inscritas novas formas instituintes de racionalidade.

21.8.2003

Além de Marx

Seria possível seguir regras contraditórias? A pergunta parece paradoxal, visto que a contradição tem a virtude de inibir qualquer conduta. Como obedecer ao comando "mate e não mate"? A questão, pois, só pode ter sentido se as representações que pilotam o comportamento dos agentes forem negadas radicalmente na perseguição dos efeitos. Se esse for o caso, não se está investigando uma curiosidade gramatical, mas um modo muito peculiar de seguir uma regra, cujos resultados são o inverso daquilo a que o agente visa no primeiro momento. Isso é muito mais do que as conhecidas consequências involuntárias de uma ação.

É a obra de Marx que nos sugere essa pergunta. É sabido que faz de cada relação de troca de mercadorias o caso de relações sociais de produção mediadas pelo valor. Este, por sua vez, é entendido como a contradição entre valor de uso e aquilo que vem a ser comum aos diversos valores de troca. Mas voltar a Marx para explorar pistas para o estudo de uma questão da lógica do social não termina por lançar mão de instrumentos ultrapassados? O que teria ele ainda a dizer depois que os Estados e as economias orientados pelo marxismo foram por água abaixo? Não foi sua teoria derrotada pela prática, essa teoria que fez da prática o critério da verdade?

Acresce que Marx, ao montar seu próprio sistema, deixou dificuldades consideradas intransponíveis. Como transformar, por exemplo, valores em preços, sem introduzir preços, o dado constatável, na própria constituição do valor? Os marxistas viraram e reviraram essa questão sem encontrar uma solução minimamente consentida. Não é à toa que os economistas em geral trataram de retirar de Marx o que lhes era útil para montar modelos compatíveis com o projeto de uma ciência positiva. Deixando de lado os namoros com a lógica hegeliana, igualmente filósofos marxistas caminharam nessa direção, de sorte que, de ambos os lados, se procurou limpar os textos de Marx da ganga ideológica vinculada ao idealismo hegeliano e aos meandros da lógica especulativa. O marxismo científico haveria de ser epistemologicamente correto.

Não seria conveniente, pois, tomar a teoria marxiana do valor-trabalho como peça de museu, deixar de lado aquela substancialidade contraditória que Marx lhe atribui e começar a enfrentar de vez a análise econômica dos fenômenos contemporâneos a partir de uma concepção atual de mercadoria? Por que insistir numa interpretação consensualmente refutada e, mais ainda, privilegiando um de seus lados mais duvidosos, intoxicado por elucubrações metafísicas?

Em vez de me arriscar por essas aventuras, não seria melhor reconhecer que a economia neoclássica nos oferece conceitos e instrumentos matemáticos precisos, capazes de modelar, com razoável eficácia, os problemas de gestão da economia capitalista? Principalmente agora, quando alguns economistas contemporâneos, reconhecidos por eles mesmos como investigadores de ponta, a exemplo de Amartya Sen, vencedor do Prêmio Nobel de 1998, voltam às origens da economia política e introduzem variáveis morais em seus modelos. O *Homo economicus* não seria apenas movido por reles interesses materiais, de sorte que as novas explicações se tornam mais rentes ao real precisamente porque reconhecem valores como a solidariedade.

No fundo desses novos esforços teóricos, porém, permanece o pressuposto de que a ação econômica se modela pela finalidade instrumental, isto é, dado um fim, o agente pondera os meios de obtê-lo, assim como, dado um conjunto de meios, pondera os fins que podem ser logrados. Até que ponto, todavia, esse tipo de finalidade se aplica ao movimento do capital?

O exercício da racionalidade ponderada estabelece a ponte entre ações de interesse privado e aquelas de cunho coletivo, demarca o cerne de um processo de sociabilização. Essa foi a grande descoberta dos economistas do século XVIII, que insistem no caráter pacífico e moralizador do comércio e do capitalismo. Marx, ao contrário, adere às teses da autodestruição desse sistema produtivo, cujo desdobramento geraria forças que lhe seriam antagônicas. A concentração de capital, a queda da taxa de lucro, as crises periódicas de produção e assim por diante, embora criadas pelo capital, terminariam por sufocá-lo. No entanto, se não há uma explicação convincente da passagem dos valores a preços, toda essa armação cai por terra, ficando prejudicado um dos resultados mais caros ao próprio Marx: a explicação científica da exploração do trabalho alheio, a teoria da mais-valia como base, também científica, da política emancipatória do proletariado.

Se os salários medidos em preços não podem ser convertidos em unidades de valor, como afirmar que a relação de compra e venda da força de trabalho, quase sempre consentida e considerada equânime por ambas as partes, esconde no fundo a raiz da desigualdade social? Com isso iria por água abaixo a esperança de que o movimento proletário, gestado pelo próprio capitalismo, terminaria por estrangulá-lo. Mesmo que evoluísse do mesmo modo que as espécies, não existiria mais na luta pela sobrevivência das classes aquele empuxo de superação que unicamente a contradição pode lhe dar. Somente se for contraditória a quantificação dos termos da relação equânime de compra e venda da força de trabalho há de resultar no seu oposto, a desigualdade social. Mas o que significa essa substancialidade quantitativa e contraditória do valor?

Ora, a crítica marxiana se esgotaria nesse esforço de montar um modelo do funcionamento autodestrutivo do capital, na base de mensurações possíveis? Se essa crítica se baseasse unicamente na articulação de equações por meio de fatores mensuráveis, a impossibilidade prática de medir as variáveis em termos de valor-trabalho destruiria todo seu fundamento. Em vez do colapso do capitalismo provocado pela ascensão do proletariado na qualidade de motor da história, assistiríamos ao colapso de uma hipótese científica.

Em contrapartida, voltar simplesmente à análise do capital como um processo contraditório e substantivo, deixando de lado o caráter mensurador das categorias em que se desdobra o capital, não é enfrentar o risco de afogar essa análise no labirinto da lógica especulativa? Se a lógica hegeliana ensina como se passa da quantidade para a qualidade no interior da própria contradição, isso só se torna possível porque todos os termos estão sendo refletidos no Absoluto. Ora, ganha-se muito pouco, em termos políticos e de conhecimento, se a crítica do capital recorrer à ideia de Deus. A não ser que o caráter absoluto do capital se apresente como aquela ilusão necessária a seu funcionamento social, o elo-fetiche pelo qual os diversos processos produtivos são projetados num todo que lhes dá sentido coletivo.

Desse modo, a crítica, mais do que epistemológica, passaria a pôr em xeque o modo pelo qual um fenômeno econômico-social se constitui como fato positivo, vindo a ser tomado pelos agentes e pelos analistas como uma coisa objetiva, dotada de determinações contraditórias *sui generis*.

Nos meus estudos sobre a obra de Marx, retomados em *Certa herança marxista*[4], tento mostrar, de um lado, que o caráter contraditório do valor está vinculado à forma de fetiche inerente à mercadoria, de outro, como a medida pressuposta pelas relações de troca mercantil vai sendo corroída por dentro em consequência da aceleração do progresso tecnológico. Convém resumir os passos salientes de meu argumento.

Para compreender como a racionalidade desenvolvida pelo capital possui contrapartida irracional, é preciso retomar a crítica de Marx à teoria do valor-trabalho desenvolvida por David Ricardo e seus sucessores. A explicação ricardiana do valor é assumida em bloco, embora Marx a censure por ela ignorar a estruturação contraditória da substancialidade desse valor. Obviamente, objeção incompreensível para autores inseridos na tradição anglo-saxã.

---

4 Giannotti, José Arthur. *Certa herança marxista*. São Paulo: Companhia das Letras, 2000.

Do ponto de vista marxista, seria preciso atentar para as várias diferenças formais que os produtos vão incorporando ao serem levados ao mercado e, assim, serem transformados. Nesse processo, os produtos tornam-se objetos em que as relações sociais de produção se projetam, de modo que as propriedades das relações se tornam propriedades das coisas processadas. Importa mostrar que certas relações sociais têm seu sentido modificado porque são mediadas por objetos-fetiche.

Imaginemos pessoas trocando produtos de seu trabalho. Essa determinação é importante. Não se trata simplesmente de trocar e vender bens, mas de considerar, mesmo no caso de um objeto qualquer, o fato de que ele precisa ser produzido para estar disponível no mercado. O ato de produção, entretanto, está sendo considerado na sua determinação mais simples, visto que a mera colheita sistemática de um bem o transforma em produto. Os clássicos da economia política diziam que essa coisa está sendo entendida por meio de duas de suas propriedades, valor de uso e valor de troca.

Difícil é entender como Marx pode perceber uma contradição nessas duas determinações, pois, se a coisa, enquanto está funcionando como valor de troca, está deixando na sombra seu valor de uso, e vice-versa, essa alternância não constitui contradição alguma. Se uma porta ora abre e ora fecha, não é por isso que se diz que configura um objeto contraditório. Mesmo que para uns o abrir seja para outros o fechar, a contradição somente se armaria se ela se fechasse e se abrisse ao mesmo tempo para todos os personagens. Aliás, a própria noção de um objeto contraditório é problemática, pois a contradição é, em geral, um fenômeno do discurso, uma expressão que anula as referências de suas partes, visto que sua junção resulta numa proposição sempre falsa.

A não ser que esse objeto seja ele próprio discursivo, uma expressão especialíssima pela qual os agentes estão se comunicando e se determinando. Não é o que acontece com o valor de uso, que se exprime por seu valor de troca? Mas como funciona essa expressão? Ela explicita uma proporcionalidade entre o uso e a troca. Nem toda flecha serve efetivamente para flechar, pois seu uso depende de um arco disponível, assim como nem todo arco se exerce como tal, pois também depende de certo número de flechas, pois só assim é arco efetivo, a não ser que se torne mero objeto de adorno. Na sua primeira função, pois, flechas e arcos são produzidos e vendidos, mantendo entre si uma proporcionalidade que está na dependência tanto da relação técnica entre flechas e arcos como da habilidade dos flecheiros.

Nada adianta encontrar meios de produzir mais flechas, se os arcos não forem capazes de absorvê-las, de sorte que o nível dessa proporção está relacionado à produtividade social do trabalho, expressa na maneira pela qual os produtos se reportam efetivamente a seus valores de troca. A não ser que tenhamos vendedores capazes de fazer das flechas objetos exóticos ou tão espertos como aqueles ingleses que, no início do século XX, vendiam aos brasileiros patins de neve, de pouca serventia num clima tropical.

Esses exemplos, porém, apenas mostram como a produtividade do trabalho é um fenômeno social global. A situação de mercado confere sentido específico a essa expressão de proporcionalidade. Os múltiplos valores de troca ficam relacionados entre si. Uma flecha traduz seu valor de uso em $1/x$ valor de troca do arco; por sua vez, esse arco aparece como trocável por tacapes, panos, vasos e assim por diante, sempre armando uma proporcionalidade entre eles. Isso quer dizer que essa trocabilidade somente se efetiva se configurar uma unidade de medida homogênea entre os múltiplos objetos que estão sendo trazidos ao mercado. Esse algo comum a todos os valores de troca é o famigerado valor.

Note-se que, se está ligado a uma coisa útil, ao ostentar essa propriedade, sem a qual não é vendável, está negando essa utilidade em qualquer um de seus usos particulares. Mais do que ser útil, evidencia a propriedade de vir a ser útil, a universalidade essencial do útil comprovada socialmente, a qual, por sua vez, está exprimindo certo nível de produtividade social do trabalho, a proporcionalidade pela qual uma sociedade de indivíduos, exclusivamente ligados por vínculos do mercado, coordena seu metabolismo com a natureza, inclusive a natureza dos homens que para ele trabalham.

Cada valor de uso particular está se apresentando na universalidade do uso pressuposta em todos os valores de troca, os quais servem de expressão daquela unidade homogênea necessária para que seu uso venha a ser real. Apresentação, pois, de um particular num universal, que manifesta essa sua universalidade na prática, notadamente na instituição conhecida como o dinheiro. Por isso a primeira contradição se arma entre valor de uso e valor – a saber, a negação de todos os aspectos que uma coisa pode ter como valor de uso.

Mas, se essa contradição é essencialmente uma instituição (modo de agir no início mediado pelo universal equivalente geral, em seguida pela particularidade do dinheiro como valor universal), é porque o valor só vem a ser contradição na medida em que as várias equações de troca estão exprimindo uma proporção instalada por meio delas, vale dizer, por essa relação social de produção que se perfaz para articular forças produtivas e emprestar a elas um sentido social. As determinações conceituais pelas quais a mercadoria, o capital e suas variantes se definem constituem a face mais aparente de relações sociais de produção, expressões de procedimentos de medir que tomam, como unidade pressuposta homogênea, aquilo que vem a ser homogêneo entre aquelas forças produtivas, que podem perfazer sua articulação técnica, precisamente porque passam a ser mensuráveis pelo padrão de homogeneidade pressuposto.

A medida só tem sentido porque reflete certo nível de desenvolvimento tecnológico, representado como se fosse homogêneo. Se o ouro é, suponhamos, o valor mensurador de todos os valores de troca, ele se apresenta quer como resultado do esforço da mineração, processo social de extrair esse mineral da natureza, quer como algo representado como se fosse uma espécie de absoluto a que todas as mercadorias se referem. Parece, então, dotado da virtude de se alimentar e se movimentar por si mesmo. Essa tendência só pode ser realizada, por fim, quando a força de trabalho, diferenciada do indivíduo trabalhador, também se converte numa mercadoria, vale dizer, passa a ser determinável pela proporcionalidade geral pela qual a sociedade repõe seu inteiro estoque de mercadorias. Então, todo o sistema de produção e de trocas mergulha numa intencionalidade muito especial.

Para ter sentido, o algo comum do valor habitando os vários objetos vendáveis, inclusive a força de trabalho, precisa crescer quantitativamente no final de seu percurso. Visto que o valor de cada mercadoria exprime a proporcionalidade na qual, dada uma unidade de tempo, essa mercadoria é produzida e vendável em vista da proporcionalidade geral em que todas as outras mercadorias são igualmente reprodutíveis, o mais-valor somente pode nascer de um objeto que, possuindo no início um determinado valor, tenha no final produzido coisas que aumentaram de valor. Noutras palavras, o mais-valor somente nasce do exercício da força de trabalho, de sorte que todo o sistema produtivo passa a funcionar em vista de sua extração, deixando para segundo plano a satisfação das necessidades individuais.

Esse valor cuja finalidade é crescer por si mesmo, essa universalidade que se mantém graças ao consumo das particularidades de seus casos, é o capital, tal como é pensado por Marx na qualidade de uma contradição, de um valor que, para crescer como se fosse um absoluto, precisa se particularizar em capital constante, valor que se mantém a si mesmo, e capital variável, valor que compra a força de trabalho e, por isso, deve ser diferente de si mesmo. Em resumo, e numa linguagem formal: aquela identidade que se diferencia em partes a fim de que essas se contraponham e sejam realizadas numa identidade de valor aumentado.

Convém não esquecer, entretanto, que o capital se torna uma teia de relações sociais de produção, conforme vem a ser forma de expressão pela qual produtos diferentes e de natureza diversa se tornam mensuráveis entre si por meio da referência à proporcionalidade técnica que os transforma em objetos reprodutíveis. Em suma, os produtos constituem uma universalidade abrangente, uma totalidade, conforme se tornam mensuráveis por uma unidade-padrão representada pelo dinheiro, que os contrapõe em capital constante e capital variável, numa proporcionalidade expressiva chamada por Marx de composição orgânica do capital.

Esta, por sua vez, está exprimindo a maneira pela qual os meios de produção se confrontam com a força de trabalho. Como a flecha e os arcos se determinam para se tornar flechas e arcos socialmente efetivos, do mesmo modo todos os meios de produção passam a se relacionar entre si conforme estão sendo medidos e articulados em vista da conformação da substancialidade do capital como se este fosse *causa sui*.

Até agora apenas reli textos muito conhecidos, mostrando rapidamente como articulam um modo de representação por meio do qual as forças produtivas são traduzidas em termos de valor, as quais, ao se exprimirem em termos de dinheiro, se convertem em fatores de produção operáveis socialmente. Mas, para isso, é preciso que entre os vários valores de troca passe a percolar uma substância, atravessando todos os produtos vendáveis. Para que essa substância possa estar sempre em crescimento, precisa se dividir de tal modo que uma parte dela, o capital variável, seja ao mesmo tempo negação transformadora de si mesma e de todo o resto.

O capital somente logra se firmar como logos mensurante, racionalidade social, se uma de suas partes, o capital variável, é e não é capital, valor igual a si mesmo e diferente de si mesmo. Em suma, processo contraditório de estabelecer uma regra social de igualação e homogeneização, que somente se instala se contiver em si mesmo o empuxo de se diferenciar por si mesmo, negando, pois, a igualação e a indiferença pressupostas.

Esse movimento formal, que exprime o processo real de extração da mais-valia, se firma e se amplia quando o diferencial fica na dependência do aumento da produtividade do trabalho, em suma, do progresso tecnológico. De que modo esse progresso altera o método de projeção das forças produtivas, a maneira de articular os conceitos que demarcam o mapa do efetivamento das relações sociais de produção? Cada produtor é obrigado a elevar a produtividade de sua planta e de seus operários a fim de produzir um excedente econômico que se exceda a si mesmo.

Suponhamos, entretanto, que alguns deles, operando segundo um padrão de mudança tecnológica muito rápida, consigam monopolizar a invenção de tal forma que, antes de a nova maneira de produzir atingir a periferia do sistema, já estejam capazes de inovar seus próprios processos produtivos. Não é o que acontece no capitalismo contemporâneo? Mas, então, cai por terra o pressuposto básico do sistema, a saber, a possibilidade de tornar homogêneas todas as formas de trabalho e, assim, exprimir as forças produtivas mobilizáveis socialmente por meio de uma medida geral subjacente aos diferentes fatores de produção calculados por seus preços.

Em vez de o capital se organizar como um todo que tem por base uma medida homogênea de forças produtivas, ele somente logra se manter como forma de socialização do trabalho se estilhaçar-se em diversas direções, clivando-se em diferentes mercados. Ele mesmo implode sua forma sistemática, torna irracional a medida que propõe, embora só se mantenha operando na base dessa medida pressuposta.

Qual é a vantagem de propor uma interpretação sinuosa, embora logicamente correta, creio eu, da tradicional relação entre forças produtivas e relações de produção, que termina mostrando que o processo de traduzir um lado no outro resulta no seu impedimento final? Dar sentido, assim espero, à crítica marxiana do capital, que evidencia a racionalidade irracional do desenvolvimento das forças produtivas impulsionado por ele. Em defesa desse meu projeto, cabe-me adiantar as seguintes considerações.

Primeira consideração: se a categoria de valor-trabalho é imprestável para a teoria econômica contemporânea, que, como toda ciência, trata de medir e prever fenômenos, isso não é obstáculo para que possa ser usada como fio condutor no exame da racionalidade do sistema capitalista, visto como a articulação de procedimentos capazes de realizar as regras do capital.

Uma coisa é montar modelos reduzidos do que acontece, outra é explicitar o sentido das ações que seguem as regras modeladas. Dessa perspectiva, a dificuldade crescente de transformar valores em preços pode ser sintoma do modo pelo qual ações, que no plano mais elementar visam a resultados equitativos, venham a ter, ao serem socializadas pela mediação do capital – esse hieróglifo, como lembra Marx –, seus sentidos roubados pelo princípio mediador.

A transformação de valores em preços de mercado somente importa enquanto a economia pressupuser que qualquer inovação tecnológica se espraia como mancha de óleo até chegar à sua periferia. Desde que algumas empresas passem a ter o monopólio da invenção tecnológica – e aqui não se trata apenas de obter uma nova ideia, mas a partir dela chegar a um produto –, cai por terra a unicidade do padrão de medida do valor do trabalho social. Em vez de a produção e o mercado capitalista tenderem para o desenho de um todo orgânico, surge a força contrária de diferenciar e clivar, centrifugação que precisa ser compensada pelo desempenho político dos novos agentes da economia nacional e mundial.

Desse modo, em vez de crises sucessivas, cada vez mais profundas e que tenderiam ao colapso final do sistema, passa a ocorrer uma crise sistemática, a fibrilação das categorias que procuram medir sem poder medir, valendo, então, unicamente por seu lado qualitativo, de limite demarcando o intervalo no interior do qual um comportamento produtivo vem a ser socializado. Surpreendentemente, a crítica da economia política revela-se muito frutífera para a análise do processo de socialização de trabalhos particulares, em especial para ressaltar o tipo de racionalidade desponderada, inerente ao capital contemporâneo.

Segunda consideração: mais do que teorias sobre os fatos econômicos, os textos de Marx me parecem ainda hoje inspirar uma crítica penetrante da maneira pela qual comportamentos se tornam positivos. Recuperam aquela noção de crítica muito próxima do significado que lhe era emprestado por Hegel, embora noutra direção, pois a contradição, em vez de gerar uma figura do espírito mais rica, se na verdade exprime a enorme expansão atual das forças produtivas, também revela seu lado perverso, porquanto relações contratuais encobrem uma desigualdade intrínseca, derivada do poder que certos agentes angariam ao assumir posições estratégicas nos diversos mercados.

Desse modo, sendo a regra de igualdade contradita pela consequente desigualdade social, vemos como um processo objetivo de socialização dos produtos rouba o sentido original das condutas necessárias para o seguimento dessa regra. É preciso, então, estudar como certas relações de produção, sendo mediadas pelo hieróglifo do dinheiro e do capital, prometem o que não podem cumprir. Não é a inflação o procedimento mais explícito de corroer a igualdade pressuposta nos contratos salariais?

Terceira consideração: num sistema de produção em que as relações sociais de produção são mediadas pelo dinheiro, os atos de troca parecem brotar do próprio dinheiro conformado como um fetiche, que rouba, assim, o sentido visado pelas ações dos agentes. As relações sociais institucionalizadas se processam em três termos: a regra, o modo como ela é seguida e um novo agente instituído que cuida da boa aplicação da regra. Se seguir uma regra é uma instituição, hábito articulado, as falhas no seu seguimento tendem a ser compensadas por outras instituições. Por exemplo, quanto mais o mercado amplia a rede de contratos equitativos, tanto mais ele depende do trabalho de vigilância do juiz, que decide as pendências, e de uma autoridade mantenedora do valor de face da moeda empregada.

Somente assim mantém-se o padrão pressuposto como espécie de ideal diante da moeda desgastada pelo uso. No entanto, essas instituições de vigilância são, por sua vez, efetivadas por indivíduos que tanto encarnam o império da norma como cuidam de seus interesses corporativos e particulares. Nada mais ingênuo do que pensar que os funcionários da vigilância da norma sejam movidos pela estrita vontade de aplicá-la.

Isso mostra que, à constituição de um sistema de regras, que por isso mesmo passa a dar razão aos atos que as seguem, corresponde a criação de institutos que asseguram o seguimento contínuo das regras, assim como abrem espaços de sua sistemática infração. Se o dinheiro vem agilizar o sistema de trocas, emprestando-lhe uma racionalidade relativamente estável, também cria a figura do entesourador, que, sem entender o novo sentido do círculo das trocas, imagina superá-lo por meio da avareza. Do mesmo modo, a separação do valor de face e do valor real de uma moeda abre espaço para que a nova autoridade manipule a seu favor o justo equilíbrio dos contratos.

Quarta consideração: essa dualidade entre a regra e o processo de seguir a regra, a norma representada e a instituição que a sustenta, evita formas antigas e recentes de platonismo. A racionalização de nossas condutas, seja em relação à natureza, seja em relação ao intercâmbio que os próprios homens mantêm entre si, desenha simultaneamente o espaço de seu emperramento. A cada nova regra que venha a dar sentido e remova obstáculos corresponde uma nova forma de infração. Lembrando uma imagem de Schelling, o cone de luz da razão também traça o cone de sombra da irrazão.

Imaginar que as dificuldades levantadas pela irracionalidade das formas de sociabilidade contemporânea possam ser entendidas e superadas na medida em que tais dificuldades são rebatidas para o reino da comunicação transparente é ignorar essa dialética da transparência e do obstáculo. Nem mesmo a linguagem pressupõe pretensões de validade que, para serem seguidas, não requeiram focos obscuros de inversão dos sentidos. Não há como evitar essa dialética da transparência com o obstáculo, do diálogo e do mero exercício do poder.

Quinta consideração: tendo em vista essa simultaneidade da regra e da vigilância institucional da consecução da regra, diferença que surge quando se variam aspectos de um mesmo procedimento social, cabe ter o cuidado de evitar os perigos das interpretações precipitadas. Desde que se reconheça que os fenômenos sociais estão vinculados por uma gramática expressa nas normas e nas instituições, perde o sentido toda crítica feita na base da mera oposição entre conhecimento e interesse.

Se o próprio interesse está articulado por objetos mediadores, que por sua vez adquirem caráter expressivo, por conseguinte cognoscitivo, fica suspeita aquela sociologia do conhecimento que pretende descobrir por trás de cada tese, de cada explicação, um interesse correspondente. Que tirem daí um bom preceito aqueles que, sem o exame da articulação dos conceitos, denunciam o caráter ideológico de um autor na base de uma análise de seus interesses ocultos. Particularmente no que concerne à interpretação da obra de Marx, é preciso ter cuidado quando se aplica o conceito de ideologia e de falsa consciência, tal como aparecem em *A ideologia alemã*. Esse livro se arma em vista da oposição entre *Sein* (ser) e *bewusztes Sein* (ser consciente), em que o *Sein* desconhece a gramática do capital.

Sexta consideração: depois de apresentar alguns resultados de minha investigação, desenvolvidos em *Certa herança marxista*, gostaria de apontar para caminhos que se abrem. O roubo de sentido visado pelas ações individuais, seja de pessoas, seja de grupos, coloca em pauta sérios problemas morais. Como ser responsável por ações cujos sentidos me são roubados? Como se desenvolve a mediação entre a esfera privada e a esfera pública, quando esta adquire sentidos que contraditam a primeira? Se a cada norma correspondem em geral instituições vigilantes da norma, como conciliar o interesse público e o interesse privado desses atores vigilantes?

O que mais me intriga, contudo, é uma nova maneira de ver a política, cujas instituições agora devem se haver com aquela inversão de sentidos operando no nível da própria sociedade civil. Se a contradição das classes não mais resulta numa revolução capaz de abolir esse antagonismo radical, nem por isso a diversidade de interesses pode ser conciliada pelo simples jogo de compensações, estando a sociedade atravessada por um mecanismo que perverte a pretensão igualitária dos agentes individuais.

No final das contas, que política pode corresponder ao mundo do capital, no qual os grandes interesses já estão moldados pela luta de posições estratégicas nos vários mercados? Em poucas palavras, percebe-se como a leitura de Marx, depois da derrocada do marxismo, fica mais próxima de nossas angústias atuais.[5]

5.11.2000

---

[5] O título deste artigo é de um livro de Antonio Negri. O texto serviu de base para uma conferência que fiz, em 5 de outubro de 2000, na reunião bianual da Anpof (Associação Nacional de Pós-Graduação em Filosofia).

Fetiche da razão

Nas ciências cabe distinguir estruturas e o discurso que as apresenta. É o que se percebe claramente quando se compulsa um livro de matemática: as estruturas são anotadas simbolicamente e o resto do texto é escrito em linguagem natural. Numa tradução, apenas esta se altera. Não há dúvida de que os limites não são precisos, mas cada ciência possui sua prosa. Se a linguística, em particular, necessita examinar a linguagem na qual está falando, não é por isso que a distinção entre uma estrutura e seu discurso carece de sentido.

Essa distinção, no entanto, vale para a razão? Não o creio. Uma vez descartada a ideia de uma faculdade racional, nela se verifica um processo, discursivo e prático, de explicação progressiva dos fatos que, além do mais, se volta sobre si mesmo para explicar tanto o funcionamento dessa explicação como os compromissos explícitos ou tácitos pressupostos por ela. Daí minha ojeriza a divisões como razão substantiva e subjetiva, comunicacional e técnica e assim por diante.

Max Horkheimer, em seu livro *Eclipse da razão*, trata de diferenciar a razão técnica de outra, substantiva, dando continuidade à parceria que sempre manteve com Theodor Adorno. Em *Dialética do esclarecimento*, ambos tentaram mostrar que o racionalismo esclarecedor foi para o brejo porque cedeu aos encantos de um tipo de razão que, deixando de lado o conteúdo das ações racionais, se consagra à análise dos meios sem questionar o fim que as orienta. E a denominam subjetiva porque, segundo eles, o processo de formalizar requerido por esse procedimento termina subjetivando seus conteúdos, como se tudo se resumisse ao discurso da consciência.

No fundo, eles defendem aí duas teses básicas: a primeira, a ideia de que exista uma argumentação científica que venha a se mover preservando um fim dado; a segunda, a ideia de que o não questionamento do fim tornaria a razão incapaz de reconhecer a racionalidade de processos objetivos, limitando-se por isso a uma razão subjetiva. Ambas se enganam redondamente, caindo numa armadilha tão simples que pode ser desarmada num artigo de jornal.

Vejamos a primeira. Para isso, tomemos o exemplo do conceito de número. Escolha estratégica, pois, para Adorno e Horkheimer, a lógica formal é a manifestação mais simples da razão subjetiva, e o número, o cânone do esclarecimento. Deixando de lado os penduricalhos, esses autores simplesmente reclamam que a prática de uma abstração em busca da forma identitária termina por criar uma forma apenas subjetiva, incapaz de visualizar o lado não idêntico do conceito. No fundo, estão dizendo o seguinte: contamos com os dedos, com seixos etc., e, quando passamos a considerar os números positivos, isso se faz de tal modo que a identidade desses números perturba a visão da maneira de contar com os dedos, seixos e assim por diante.

Essa crítica considera, contudo, apenas metade do processo de formalização. Consideremos a sequência dos números positivos começando por 1, 2, 3... A esses números, como é sabido, aplicam-se as quatro operações. Mas com limites. Para que 4 seja diminuído de 4 é necessário introduzir o zero, nesse plano subentendido como a negação do procedimento de contar que resultou em 4. A nova sequência 0, 1, 2, 3… recebe o nome de sequência dos números naturais. Mas nela ainda não se pode subtrair 3 de 1, a não ser que se inventem os números negativos (o resultado será -2), sendo que os dois conjuntos somados formam o conjunto dos números relativos.

No entanto, essa sucessiva ampliação do espaço dos números positivos vai redeterminando cada um dos elementos da série. Na sequência dos números positivos, a subtração inverte a soma, mas na sequência dos naturais, aplicada a números iguais, tem a virtude de abolir a adição, pois o zero é uma não operação. Já na sequência dos números relativos, todos os números passam a ter o seu respectivo inverso (1 tem -1, e assim por diante), menos o zero, que aparece, então, como elemento neutro ou, com outras palavras, zero vem a ser o simétrico de si mesmo. Ora, essa operação de possuir um inverso, um elemento neutro e, suponhamos, numa subtração em cadeia poder associar os elementos dois a dois é o que os matemáticos vão chamar de grupo, conceito algébrico, e não mais aritmético.

Desde logo é possível notar que essa extensão do universo dos números não se processa unicamente no plano dos conceitos, pois seria praticamente inviável enquanto não fosse abandonada a notação romana (I, II, III…) dos números positivos. Mesmo que a ela se acrescentasse o zero e os números negativos, as operações continuavam não levando em conta os blocos de dez. Note-se a dificuldade da operação "L - XXX = XX", comparada a "50 - 30 = 20", pois nessa última se levam em consideração apenas os dígitos representando as dezenas.

Em resumo, a inovação resulta, de um lado, da exploração das possibilidades formais de uma estrutura; de outro, do sucesso na busca de novos instrumentos capazes de tornar efetiva tal exploração. A simples manipulação dos algarismos arábicos cria novas possibilidades estruturais, podendo ou não ser exploradas, sendo que a invenção do zero, em particular, se desde logo evita erros de cálculo, que eram o fantasma dos comerciantes, ainda coloca problemas específicos para o matemático.

Que tipo de número aparece quando, por exemplo, zero vem a ser dividido por um número qualquer, e vice-versa? Percebe-se, enfim, por que o matemático trabalha como se estivesse puxando o fio de um novelo cuja visão panorâmica lhe escapa. Por isso está sempre à beira do platonismo, do pensar que ilumina apenas uma estrutura já pronta num céu qualquer. Seja como for, o que não tem cabimento é ver nesse processo da razão apenas o lado subjetivo, e não refletir como ele também abre espaço para novas formas de objetividade.

Examinemos agora a segunda tese. Dado um fim, há meios racionais que levam à sua obtenção. As ciências não discutiriam a escolha de tais fins, tarefa relegada à investigação filosófica. Tudo se passa como se o pensamento científico fosse uma espécie de compasso que, apoiando uma de suas pernas num ponto de uma folha de papel, definiria com a outra o campo dos traços possíveis. Mas a escolha da perna a permanecer imóvel ficaria fora da investigação científica. Por causa do predomínio avassalador da racionalidade orientada por fins dados, associado às formas da sociedade capitalista, que tende a mercantilizar todos os seus produtos, ocorreria o eclipse da razão filosófica, entendida diferentemente como razão objetiva ou comunicativa etc., conforme varia o dialeto dos filósofos da Escola de Frankfurt.

Já no exemplo da expansão racional do conceito de número, percebe-se que aquela perna, apoiada numa intuição (os dedos, seixos etc.), também vem a ser erguida no processo de racionalizar. É como se o compasso perdesse seus apoios no papel para que um novo universo de possibilidades formais fosse divisado. Enfim, para que uma nova estrutura pudesse ser inventada. Ao contar com os dedos, depois com seixos e assim por diante, somos levados pelos objetivos mais diversos. Não é possível determinar o fim que levou à invenção dos números naturais (positivos e negativos). Por que haveria de se supor, então, que as ciências se armam a partir de um único fim? Além do mais, qualquer ação mais complexa é sempre motivada por fins variados, cabendo precisamente à razão selecionar um a um para descobrir quais os meios que lhes convêm.

Essa determinação recíproca entre fins e meios está inscrita na própria estrutura do julgar. Repiso um exemplo que me parece o mais simples possível. Se quisermos medir a distância que vai de uma rua a outra, podemos eleger como padrão o metro, a braça etc., todos eles servindo à medida que os resultados caibam num intervalo razoável, isto é, que não impeça seu uso para os fins propostos. Mas, se quisermos medir as distâncias das estrelas usando o metro, por exemplo, a escolha ficaria invalidada por causa dos erros cometidos durante o procedimento efetivo de mensuração.

Ora, no plano da definição, um ano-luz não é redutível a metros? Percebe-se, assim, que a variação ocorre nos dois lados. No primeiro, escolhem-se padrões para medir uma distância, padrões que variam segundo o interesse posto. No segundo, conforme se medem as distâncias entre as ruas ou as estrelas, outros fins vão sendo descobertos, à medida que se ampliam as estruturas "formais" que estamos utilizando. Por exemplo, escolho o metro para medir distâncias, mas, quando preciso projetar uma cadeira, a medida das distâncias é apenas um expediente para adequar essa cadeira ao tamanho de um corpo médio. Não é esse o padrão de medida que passa a orquestrar o processo?

Em resumo, conforme os resultados vão sendo obtidos, vão sendo repostos os padrões de medida e modificada a intenção de medir. Uma vez, medimos para encontrar o caminho mais curto; outra, para estender um fio de telefone; e, quando medimos a distância entre estrelas, estamos interessados em confirmar ou negar esta ou aquela teoria, além de imaginar como pode ser possível enviar uma nave que, aproximando-se delas, nos traga novos dados sobre o Universo. Desde que se perceba a progressiva determinação recíproca da teoria e da prática, trampolim para o capitalismo se renovar e encontrar novas formas de poder, essa ideia de uma racionalidade técnica não passa de ilusão.

Convém então perguntar: onde está o eclipse ou a crise da razão? Primeiramente, na cabeça daqueles que, pensando essa razão como linha dedutiva ligando princípios a teoremas, lamentam sua queda no relativismo radical por ter perdido sua linearidade.[6]

---

[6] Sobre esse tema vale a pena ler: Moura, Carlos Alberto Ribeiro de. *Racionalidade e crise*. São Paulo: Discurso Editorial, 2002.

Mas basta examinar o desenvolvimento de um conceito científico para ver que esse é engano de filósofo pouco familiarizado com as ciências formais. Em segundo lugar, ela se impõe para aqueles que ainda sustentam uma concepção fenomenológica do juízo, como se este se resolvesse na formulação de uma imagem mental, para em seguida sair à procura dos casos a ela adequados. Ao subjetivizar por definição o processo de abstrair, isso inventa como consequência tautológica uma razão subjetiva.

Não pretendo jogar fora a criança com a água do banho. O sentido da investigação teórica está em jogo com o encurtamento do tempo de reflexão e com o modo de produção das teorias científicas associado aos movimentos do capital. Aqui está o problema, e não numa dualidade da razão e no esquecimento da razão substantiva, como se fosse possível separar, num processo racional, suas estruturas da prosa que as apresenta.

A meu ver, cabe reconhecer que há crise, cujas raízes não se encontram, porém, numa dualidade fantasiosa da razão, mas no modo de produção das ciências contemporâneas ligado às novas formas da sociabilidade capitalista. Ela se manifesta nas figuras que assume o trabalho do investigador e no mapa do progresso da ciência, em que as áreas de maior relevo são aquelas que recebem maiores investimentos.

É muito alto o custo do intelectualismo frankfurtiano, que tudo explica por meio de diferenciações entre formas caricatas da racionalidade contemporânea, em vez de examinar como a produção científica se vincula à produção capitalista. Desde logo, deixa de considerar o lado ambíguo de todo produto capitalista, reflexo ao mesmo tempo do progresso tecnológico e da consequente diminuição progressiva de seu custo, que os torna acessíveis às massas, e do entorpecimento que espreita o ato de produzir assim como o de consumir. Essa dualidade não tem como primeiro sintoma a cesura crescente entre a investigação das estruturas científicas e a prosa que fala dela? O trabalho do cientista e o trabalho do filósofo não se inserem diferentemente na produção contemporânea do pensamento?

É ainda maior o custo de interpretar essa cesura como se brotasse da separação entre o lado objetivo e o lado subjetivo do processo de racionalizar. No plano da subjetividade não há pensamento que se sustente. Foi-se o tempo em que se pensava que um conceito, o de vaca, por exemplo, seria construído a partir do exame das várias vacas, a fim de ter em mente apenas aqueles traços comuns a todas elas. Para que se possa falar corretamente de vaca é preciso saber falar de bois, de bezerros e de outros seres do mesmo universo.

Existem relações internas entre os diversos critérios que nos permitem mencionar cada um desses bovinos, critérios, aliás, socialmente determinados, pois entre os nueres, povo da África Oriental, não se pode falar de mulher sem se falar de vaca, o ser eleito por excelência. Em resumo, nunca se reporta ao real um único conceito, mas todos aqueles entrelaçados numa estrutura; nunca se diz "esta vaca é branca" sem ter em vista todo o espectro que separa o branco das outras cores. Os nueres não possuem o conceito genérico de cores, sendo que as nuanças coloridas da vaca se tornam o critério de suas diferenciações.

Esse total desprezo pelo lado estrutural da razão caracteriza o pensamento dos primeiros frankfurtianos. Operam como se um jogo de linguagem pudesse ter um único termo. É o que comprova o uso que fazem da palavra "esclarecimento". Configurado a partir de seu único fim, a saber, perseguir sempre o objetivo de livrar os homens do medo e investi-los na posição de senhores, serve para constatar em seguida que a Terra totalmente esclarecida resplandece sob o signo de uma calamidade triunfal (*Dialética do esclarecimento*). A identidade do conceito não explica seu lado negativo, o que levanta a necessidade de outro conceito positivo.

Posto nesses termos, o conceito de esclarecimento não é conceito, mas representação subjetiva que só pode representar do real aquilo que os investigadores se representam, deixando de lado o travejamento estrutural e histórico no qual essa representação se tornaria conceito. Por isso, emprestam à palavra "*Aufklärung*" uma ambiguidade que ela não possui quando se reporta a um movimento político e intelectual chamado Iluminismo.

O Esclarecimento, traduz corretamente Guido de Almeida, nomearia o processo da razão de racionalizar, mas desde o início caracterizado como razão técnica, como os autores gostariam de demonstrar. Porque não encontram aquela unicidade que esperavam da razão, a transformam num fetiche hermafrodita, ao mesmo tempo macho e fêmea, cujo fantasma é preciso exorcizar.

Não é sintomático que os melhores resultados da investigação de Adorno ocorram, em primeiro lugar, no campo da música, arte que lida com configurações estruturais inegáveis, mesmo quando passam despercebidas? Não é por isso que ele despreza o jazz, no qual a estrutura formal se improvisa? Em segundo lugar, finalmente, convém lembrar que, se o conceito de indústria cultural ressalta corretamente a mercantilização da cultura e sua alienação, não sendo um conceito de fato, ele impede que Adorno veja o lado positivo desse processo, principalmente em relação ao cinema, que é, a meu ver, a arte mais rica do século XX.

15.6.2003

O novo império

Formou-se o consenso de que estamos assistindo ao nascimento de um novo império, de uma nova forma de poder. Foram-se os tempos do imperialismo, quando o capital tinha como trampolim os Estados-nação. Quais as características, então, desse novo poder que tudo percola? Como desenhar seu tipo ideal?

Sempre se reconheceu que, além do poder do Estado, representante de uma totalidade em nome da qual se exerce o monopólio da força legítima, vicejam diversos poderes articulando a vida cotidiana. Mas foi Michel Foucault quem ensinou a ver em certas instituições sociais mecanismos de poder que tanto conformam os indivíduos quanto os dominam.

A prisão, a fábrica, o asilo, a universidade, as instituições e técnicas de controle da sexualidade etc. constituem dispositivos, matrizes conformando condutas e pensamentos, tecendo uma rede de micropoderes. Mais do que a capacidade de fazer com que alguém obrigue o outro a agir de acordo com seus desejos e prescrições, mais do que conformar a agenda dos dominados, o micropoder estrutura atitudes, comportamentos e subjetividades, socializando indivíduos a fim de que respeitem fronteiras e hierarquias.

Não me parece, entretanto, que Foucault tenha dado uma explicação satisfatória da relação entre esses poderes e o poder do Estado, principalmente quando se leva em conta que este sempre se apresenta, retomando a formulação de Marx, na condição de comunidade imaginária, em nome da qual as decisões são tomadas. O Estado, além de poder soberano, constitui-se como sistema de ordenamentos de justiça, identidade ideal sem fissuras. Nesse ocultamento dos conflitos, o Estado se arma como dispositivo dispensando o bem e a verdade, mas também se pondo como verdade de uma população, espelho no qual ela desenha sua identidade, transcendendo as condutas daqueles que operam em seu nome.

Ora, não é porque se aponta o caráter ilusório dessa transcendência que ela desaparece da articulação da vida em sociedade. Daí a necessidade de explicar como o poder estatal, ancorado em condições econômicas, sociais, culturais etc., só pode funcionar se indivíduos falarem em seu nome e de toda uma população. Em suma, qual o caráter *sui generis* dessa dimensão representativa do poder estatal e como este funciona diante da emergência de um novo poder, ao mesmo tempo global e microscópico?

Os herdeiros de Foucault igualmente deixaram na sombra essa questão, mas procuraram expandir o conceito de dispositivo para que cobrisse um poder totalizante. Os trabalhos de Gilles Deleuze e Félix Guattari marcam um passo importante nessa direção. Mais do que uma sociedade disciplinar, cujos paradigmas foram em grande parte retirados do Antigo Regime, a nossa, comentam esses autores, é uma sociedade de controle, na qual os mecanismos de comando se entranham de tal modo no corpo social, afetando corpos e cérebros, que terminam por orquestrar uma forma de vida. Foucault já mostrara que a vida se tornara objeto do poder, mas, para tanto, não seria necessário esmiuçar como isso pôde acontecer? Esse passo foi dado quando Deleuze substituiu o conceito foucaultiano de prazer por aquele de desejo e, em vez da aceitação imanente do prazer, passou a ver no indivíduo uma máquina desejante.

O resultado mais abrangente dessa reconceitualização de um poder global me parece o livro *Império*, que Michael Hardt e Antonio Negri publicaram em 2000 e que foi traduzido no Brasil em 2001.[7] Trata-se, a meu juízo, de verdadeira suma do pensamento parisiense sobre a crise da modernidade e, por isso mesmo, combinando intuições geniais com sínteses apressadas. Mas vale a pena lê-lo com cuidado, pois nos oferece uma tela na qual podemos projetar nossas próprias preocupações, identificá-las e corrigi-las. Não farei dele uma resenha, mas selecionarei alguns pontos que me permitem mensurar a distância que nos separa.

Como indica o título, "império", o conceito básico, exprime nova forma de poder a atravessar os Estados-nação tradicionais, inclusive os Estados Unidos, potência dominante. Trata-se de uma espécie de substância jurídico-política que passa a regular as trocas econômicas e culturais de modo global, articulando-se como governo do mundo. A nova soberania funda-se agora na construção de caminhos e limites de novos fluxos globais, responsáveis pela construção da própria vida social, na qual o econômico, o político e o cultural cada vez mais se sobrepõem e se completam. Essa produção biopolítica recusa a distinção entre um dentro e um fora, um interior e um exterior, exercendo-se sem fronteiras e desconhecendo sua exterioridade.

---

7 Hardt, Michael; Negri, Antonio. *Império*. Rio de Janeiro: Record, 2001.

O aparelho geral de comando do império apresenta três momentos: o primeiro, inclusivo, promete a todos integração universal; o segundo, diferencial, esvazia as diferenças, situando-as no plano da cultura; finalmente, o terceiro, gerencial, propõe-se a administrar e hierarquizar as diferenças numa economia geral de comando. Nesse contexto, a dialética entre as forças produtivas e o sistema de dominação não ocupa mais um local determinado, sendo que as determinações de poder do trabalho (diferença, medida e determinação) se confundem, deixando de ser o objeto de exploração e domínio.

Agora o poder se exerce sobre a própria capacidade de produzir em geral. O trabalho vem a ser abstrato graças à cooperação de cérebros e mãos, mentes e corpos, que, por sua vez, exclui e difunde o trabalho ativo; é o desejo e o esforço de miríades de operários móveis e flexíveis e também a energia intelectual e linguística, construção comunicativa de uma multidão de operários intelectuais e afetivos.[8] Essa dominação pós-moderna do trabalho e a virtualidade de sua liberação estão ligadas ao fato de que a natureza foi de tal modo transformada pela técnica capitalista que se tornou ela mesma uma rede comunicativa de símbolos.

É quase consenso essa perda das determinações do trabalho, mas o desafio é entender seu sentido. Uma fenomenologia como a proposta ignora uma característica do processo de trabalho que, como tenho tentado demonstrar, foi tanto um dos pilares como a maldição do conceito marxista de relação social de produção:

---

8 *Idem, ibidem*, p. 229.

o processo de trabalho se finaliza num objeto que passa a fazer parte do mundo cotidiano, de sorte que só pode ser consumido individual ou produtivamente, se um terceiro permitir que isso aconteça, ainda que o faça por sua indiferença.

Noutras palavras, a reflexão do processo de trabalho cria um objeto exterior a ela que só pode ser recuperado por ela se um terceiro exercer um poder positivo ou negativo para que isso ocorra. Não é possível, pois, socializar trabalhos sem alguma forma de propriedade, privada ou coletiva. Isso se evidencia até mesmo nas formas mais imateriais de trabalho: o escritor, ao ter uma ideia genial, ou um pesquisador, ao obter um resultado extraordinário, precisam conservar seu achado e, para isso, são forçados a escrevê-lo, gravá--lo, patenteá-lo etc. Isso não cria a possibilidade do ladrão de ideias? É ilusão hegeliana abolir, no processo produtivo, o contraste entre o fora e o dentro.

Por mais que os pós-modernos parisienses lutem contra a dialética hegeliana, eles caem na sua malha continente, pois, ao fazerem com que a identidade sempre escorregue para a diferença, o jogo de ambos, sem exterioridade, se transforma num discurso totalizante. Não é desse modo que a nova definição de império namora o espírito absoluto?

Somente porque se esquecem desse momento de exterioridade fugidia, mas intransponível, sustentado na coisa pelo trabalho efetuado, eles podem fazer da propriedade uma questão basicamente jurídica, distante de seu fundamento nas relações sociais de produção. Somente por isso podem analisar essas relações no nível do desejo, desprezando, assim, o terceiro personagem sempre implícito nas relações de trabalho. A relação dual entre a máquina desejante e a coisa, ao descartar esse terceiro, fica cega para as determinações adquiridas por essa coisa como produto do trabalho social, notadamente sua transformação em símbolo. É sintomático que a economia clássica tenha estudado como um produto se transforma em dinheiro e que os modelos da economia contemporânea sempre estejam se havendo com a ideia de valor.[9]

A transformação da coisa trabalhada em elemento de um objeto técnico é o primeiro momento de sua conversão em símbolo. Lembremos que um objeto de uso, uma coisa-à-mão, conformada pelo trabalho para exercer determinada finalidade, já consiste numa regra, segundo a qual as condutas se tornam adequadas ou inadequadas para seu bom funcionamento. Os objetos de uso contemporâneo, ademais, se converteram em fabulosos objetos técnicos, coisas ajustadas entre si, segundo algumas propriedades abstraídas pelo conhecimento e pela técnica, objetos que só podem funcionar integrados em sistemas, redes interdependentes. O telefone, a televisão, o computador, a internet são alguns exemplos dessa fantástica segunda natureza, na dependência da qual passamos a viver. Mas, se esses dispositivos, conformando condutas, mentes e subjetividades, são comunicativos e simbólicos, é porque um exército de trabalhadores está repondo e conformando seus elementos materiais. É como se uma legião de fiandeiras escondidas atrás de uma tapeçaria estivesse recompondo os fios gastos pelos passos do tempo.

---

[9] Ver: Giannotti, José Arthur. *Certa herança marxista*. São Paulo: Companhia das Letras, 2000.

Um sistema técnico pode ser anulado por outro, mas esse jogo, que se reporta a uma natureza científico-tecnológica como seus meios de produção, abre fissuras por onde emerge a natureza bruta. Cada passo que venha a aperfeiçoar um sistema tecnológico cria simultaneamente um ponto nevrálgico, aquele em que as peças, ao se ajustarem por meio de suas propriedades abstratas e sutilíssimas, ficam expostas aos efeitos de um pedaço de matéria estranho ao processo. Um grão de areia, colocado num lugar específico do computador, não o emperraria? Essa determinação recíproca entre o aumento de eficácia de um sistema técnico, por conseguinte de seu poder, e o aumento de sua fragilidade, revela como um poder sofisticado gera de imediato um contrapoder bruto.

Contra o novo império, travejado pela ciência e pela tecnologia, a brutalidade do terror não se apresentaria como a força mais eficaz, o grão de areia que tudo emperra? Sob esse aspecto, o ataque às torres gêmeas é paradigmático, pois toda a sofisticação dos planos e aparelhos utilizados pelos terroristas só se tornou eficaz pela massa de um avião a se chocar com uma estrutura de ferro, cimento, tijolos etc.

Hardt e Negri tocam num ponto essencial quando afirmam que a origem da diferenciação e da acumulação da riqueza social se encontra atualmente na capacidade de produzir. Mas se enganam, a meu ver, quando desligam essa capacidade de um monopólio. Essa capacidade não se estrutura socialmente no nível do desejo, mas a partir do simples fato de que o grande capital tem, hoje em dia, o monopólio da invenção científica e tecnológica.

Por certo a invenção de uma teoria pode ser feita por um grupo reduzido de pesquisadores competentes. Mas esse conhecimento só se confirma e se perfaz num objeto técnico depois de consumir enormes investimentos e mobilizar caros e sofisticados laboratórios. Se o conhecimento, de um lado, nunca esteve tão disponível, o novo conhecimento, de outro, torna-se privilégio de algumas grandes empresas que o mobilizam tão somente em vista de seus próprios interesses. Daí continuar valendo a definição do capital como controle sobre o trabalho alheio. Se, de fato, as diferentes determinações do processo de trabalho se esvanecem, o desafio é explicar como esse fenômeno se funda numa forma muito peculiar de propriedade, mais do que nas vicissitudes do desejo.

O monopólio da invenção científica e tecnológica não se exerce por meio de barreiras que o outro não pode atravessar, como o monopólio da terra ou da fábrica. Ele se exerce apropriando-se de um processo em que os meios de produção respondem a novas informações, e os agentes, embora substituíveis, devem estar preparados para exercer determinadas funções. Daí a importância da base tecnológica para gerar a riqueza e da qualificação para estruturar o mercado de trabalho. O poder do novo império se assenta na escalada do conhecimento e na educação dos trabalhadores. Não é a partir dessa plataforma mais profunda que os ricos se tornam cada vez mais ricos e os pobres, mais pobres?

Dessas determinações do novo poder seguem-se as determinações do contrapoder: tem pouco efeito ocupar terras ou fábricas, é preciso enfiar uma cunha no modo pelo qual se exerce a preparação dos meios de produção e dos agentes que os movem. Isso pode ser feito positivamente por uma política adequada ou negativamente pelo terror e a burocratização dos aparelhos do Estado. Os sujeitos do futuro não são os pobres, aqueles que "vivem o ser efetivo" tendo se transformado numa figura da produção,[10] pois a desqualificação para o trabalho os exclui do sistema produtivo contemporâneo. O desafio é como prepará-los para que não caiam nas malhas do terror, que destrói sem construir.

É interessante notar que Hardt e Negri continuam a pensar a política como a negação dela, como um movimento de base espontânea a abolir de modo imanente o poder, em vez de conformá-lo e ordená-lo por fora. Acusando de liberal toda política que se ponha além dessa imanência revolucionária, só podem ignorar o papel do Estado no exercício do novo poder. Se o Estado nacional míngua quando se cria uma nova soberania sem fronteiras, não é por isso que deixa de desempenhar o papel fundamental de qualificar e proteger a força de trabalho de uma população como um todo, assim como de assegurar seu nível de vida pelo emprego justo dos fundos públicos.

Por certo, uma grande empresa prepara seus próprios trabalhadores, mas com isso ela apenas continua aumentando a distância entre cultos e incultos, mais ricos e mais pobres. É outra a força do Estado, ao fazer valer a ilusão de que essa população é comunidade, identidade, na qual todos possuem direitos iguais, particularmente o direito à educação e a viver dignamente. A ilusão se transforma em força social à medida que vem a ser política, jogo

---

[10] Hardt, Michael; Negri, Antonio, *op. cit.*, p. 175.

entre representantes de forças e interesses antagônicos, que julgam e atuam, entretanto, em nome do todo.

O futuro não pertence de maneira imanente aos pobres, mas estes poderão vir a ser menos pobres ou até mesmo modestamente ricos, se o jogo da política for capaz de impor a disciplina da justiça, reforçando aqueles dispositivos que permitem conviver com diferenças, desde que o crescimento da riqueza social venha beneficiar os menos preparados. Confiar nas forças imanentes das massas me parece ilusão perigosa.

16.3.2003

Em volta da política

Sobre o juízo político

Estamos assistindo às mais variadas negociações para formar o novo governo, à retomada do rolo compressor do Executivo sobre o Legislativo, a surpreendentes mudanças de posições e de discurso dos grupos partidários, bem como ao duro ajustamento do sonho à realidade – o que não implica, obviamente, que essa realidade não possa vir a ser aproximada do sonho. Visto que cada negociação se resolve numa trama de juízos e compromissos, este me parece o momento propício para refletir sobre as peculiaridades formais do juízo político. Isto é, como a norma política se relaciona com seus casos?

Vale a pena, pois, perguntar como, em política, um programa, uma declaração, a formulação de um juízo, em suma, se relacionam com os compromissos assumidos e com as vicissitudes necessárias à sua implementação. Como o dito se relaciona com a prática? Pergunta indiscreta para aqueles que sempre acreditaram que qualquer obstáculo seria vencido pela "vontade política" ou, ainda, para aqueles que consideram que um mesmo ato – uma aliança com o adversário, por exemplo – adquire sentido radicalmente diferente porque agora se processa de seu ponto de vista. A radicalidade imaginada tinge de radical o que outros fazem de uma perspectiva conservadora. Como não creio que mereçam indulgência preventiva, cabe refletir sobre as diferenças entre as propostas e os feitos.

Tomemos como ponto de partida uma negociação entre "A", partido do novo governo, e "B", partido que se dividiu durante o processo eleitoral; uma fração apoiando "A", e a outra, o candidato oposicionista. "A" trata legitimamente de agregar forças políticas para obter maioria estável no Congresso Nacional. Pelo acordo, "A" cede postos no novo governo e "B" se compromete a votar a favor das propostas que aquele envia ao Congresso. "A" cuida, pois, de limitar o âmbito de deliberação de "B", que aceita essa limitação em troca de posições estratégicas na máquina do governo. Qual é o sentido desse estreitamento do campo da deliberação?

Sabe-se que, no ideal, a democracia consiste numa forma de governo cujos membros são eleitos periodicamente e que deliberam entre si até chegar ao consenso ou a uma decisão majoritária. Muitos, supondo que os agentes progressivamente atingiriam um consenso ideal sem solução de continuidade, interpretam essa regra da maioria como expediente para abreviar uma discussão que, se prolongada, bloquearia a ação. No entanto, mais do que saltar etapas, a regra não terminaria por acionar um poder não deliberante, isto é, uma capacidade de fazer com que o outro se comporte de acordo com a vontade alheia?

Sabe-se ainda que a força exercida pelo Estado ao implementar uma decisão tomada pela maioria é dita legítima, já que está apoiada num ordenamento jurídico vigente. Mas a legitimidade da decisão expurga dela qualquer núcleo de poder que resistisse à depuração pelo discurso? Tudo depende de como se pensa esse condicionamento, essa determinação recíproca entre norma e força. De nada valeria uma lei votada pela maioria, se esta não dispusesse de poder para obrigar a minoria a segui-la, isto é, a não se afastar do parâmetro estabelecido. Esse afastamento, porém, sempre nasceria da vontade de não seguir a regra ou poderia resultar da própria vontade de segui-la?

Nunca é possível saber absolutamente como o outro está seguindo uma regra, se apenas está pensando que age em cumprimento dela, embora aja criando diferenciais de inadequação. Depois de ensinar a um menino a regra para enumerar os números pares, ele diz "já sei!" e conta "dois, quatro, seis" e assim por diante. Mas nada o impede de dizer, depois de "mil", "dois mil, quatro mil" etc. Somente a ação vai mostrar se havia uma diferença de entendimento entre a regra pensada por mim e a regra apreendida por ele.

Desse modo, nunca é possível assegurar que todos os membros de um grupo estão entendendo rigorosamente a mesma regra que estão votando. Essa defasagem não caracterizaria o jogo político, que teria, como uma de suas funções, a tarefa de cobrir a fissura entre a regra e o caso precisamente por uma força institucionalizada? Não se deve pressupor que o não cumprimento de uma lei votada sempre tenha origem na vontade de não acatá-la? Mas não poderia resultar, algumas vezes, do desejo de cumpri-la? Excluída a má-fé, não é isso que pode acontecer no acordo político? Nesse plano, no entanto, como funciona a legitimidade?

Essa fissura entre o enunciado da norma e seu seguimento se amplia quando dois grupos – no caso mais simples, ambos perseguindo o mesmo fim por meios diferentes – passam a julgar o modo como o outro entende a norma e os meios para fazer com que ela se imponha. Ocorrendo o julgamento de um julgamento, essa mesma norma passa a ser mediada pela dupla capacidade de julgar e implementar o julgado, o que coloca a norma sob diferentes focos de luz, alterando por conseguinte seu sentido.

Desse ponto de vista, uma norma que a maioria partidária faz valer para todos seria inócua se esta não possuísse os meios de poder bruto necessários para sanar as diferenças de interpretação, por consequência aquelas diferenças de comportamento que nascem dessa diversidade dos pontos de vista. Mais do que pressupor que o acordo se teceria no limite do processo de discussão, as negociações intra ou interpartidárias – obviamente no plano abstrato que exclui a má-fé e a dissimulação – contam com a posse efetiva de cargos e benesses (de poder), cuja manipulação lança uma ponte entre as interpretações e as condutas divergentes.

Voltemos ao nosso esquema de negociação. Vimos que "A", quando acena para que "B" participe do governo, espera que esse grupo aprove sem deliberação as propostas enviadas ao Congresso. Justifica-se que "B", no governo, teria a oportunidade de discuti-las antes de sua apresentação. Mas, de fato, por causa da divisão do trabalho entre ministérios e secretarias, isso não acontece; no máximo a discussão se faz nas reuniões ministeriais para se deliberar sobre linhas gerais de atuação. No fundo, ambas as partes terminam concordando em restringir o âmbito das deliberações possíveis e a capacidade de cada uma julgar publicamente os juízos da outra, porque cuidam antes de tudo de sobreviver politicamente. A sobrevivência do grupo lhe é mais importante do que a formulação de seus ideais.

Visto que tudo se passa como se as pessoas se aglutinassem em torno de uma ideia fundamental cujas formulações variam no tempo, a existência do grupo, na medida em que o existente aqui condiciona a realização do ideal, vem a ser mais importante do que o modo pelo qual formula seu programa, sua ideologia. Algumas vezes o acordo se tece, sem dúvida, para realizar um objetivo previamente definido, como se forças se somassem para assaltar uma cidade, mas há outras que deliberadamente restringem o espaço das críticas mútuas, desde que a parte governista ceda à outra aquele poder proveniente da ocupação de cargos e distribuição de benefícios.

Desse modo, o acordo só interessa se houver, de ambos os lados, um equilíbrio entre os constrangimentos à deliberação e a cessão ou o ganho de poder. No entanto, não são os partidos que fazem o acordo, mas seus representantes. Estes, ao julgá-lo equilibrado e politicamente conveniente, assumem compromissos que tanto eles como seus representados devem cumprir. Em resumo, cada negociador assume que o novo parceiro, assim como as pessoas que ele representa, formule e pratique o mesmo julgamento. Os representados, porém, podem considerar o acordo desigual.

A possibilidade desse desentendimento torna-se maior quando se considera que o representante, em vez de ser escolhido pela maioria de seus representados, tenha sido legitimamente indicado por seu superior eleito. No nível da negociação, ele só pode agir como se não houvesse diferenças entre ele mesmo e seus representados. É de notar a dificuldade. O representante só pode sentar-se à mesa de negociação se acreditar que representa sem fissura a vontade de seus representados, mas isso, em política, quase sempre não é o caso. Os juízos entre os negociadores se firmam como se os representados já tivessem deliberado e julgado. Como isso dificilmente acontece, sendo-lhes atribuído o mandato para caminhar numa determinada direção, cada negociador, sem especificar os casos, precisa ou apostar que seus representados acolherão os termos do acordo, ou apoiar-se em empecilhos institucionais.

Se ganhar essa aposta, soma mais poder para si, o que incomoda seus adversários. Estes são motivados a encontrar diferenças de interpretação entre o que foi mandado e o que foi acordado, de sorte que o julgamento do julgamento dos pares abre no partido uma clareira de disputa pelo poder, a qual é impossível de ser dirimida pelo discurso, já que nasce das indeterminações provenientes do funcionamento desse mesmo discurso.

O nível de desentendimento interno pode levar à ruptura do acordo, o representante sendo obrigado a recuar, a desdizer o que foi dito, portanto a comprometer-se moral e politicamente. Sua palavra perde valor e, com isso, diminui seu capital político. Por isso lhe interessa a segunda solução: o debate é evitado em nome da sobrevivência das instituições, de regras congeladas em hábitos que têm servido à tomada, vale dizer, do poder de impor, porque é assim que tem acontecido. A democracia deliberativa não existe se, no seu tecido, não operar núcleos cegos de poder.

Este fragmento de modelo só me serve para tirar três lições. Em primeiro lugar, percebe-se mais uma vez como são complicadas as relações entre moral e política. Ainda que se pressuponha que uma associação política se reporte a um mesmo sistema ético, não é por isso que todos os seus membros o seguem da mesma maneira. Basta introduzir a cesura entre o representante e o representado para que este possa invocar compromissos éticos mais fortes do que aqueles assumidos pelo representante.

No final das contas, como este ousou assumir tal acordo, quando outros assumiram com o eleitorado compromissos mais amplos? Cada grupo interpreta diferentemente esses compromissos. Misturando-se interpretação e interesse, cada um salienta aspectos diferentes, quer no acordo interpartidário, quer naqueles outros responsáveis pelo equilíbrio instável entre as facções. Compreende-se por que é tradição da esquerda, cujo ideal de transparência pensa o poder como se resultasse da divisão do trabalho e da alienação correspondente – portanto, como algo a ser superado –, desconfiar dos processos representativos indiretos.

A representação indireta é a primeira a introduzir entre o ideal e a prática o interesse do grupo representante, quebrando a inteireza da vontade geral. Ela converte a política num jogo em que a deliberação somente vem a ser efetiva se apaziguar interesses dos representados e dos representantes, legitimados, contudo, pela ilusão de que a deliberação sempre seria possível em qualquer nível. Na política existe uma determinação recíproca entre ajuizamento e interesse, sem que um deles seja a causa do outro.

Essa mútua determinação se põe de tal maneira que este vem a ser condição necessária da efetivação daquele, e vice-versa, o que leva o processo para além do mero discurso deliberativo e da mera formatação discursiva do interesse. Compreende-se, ainda, por que o pensamento liberal da direita tende a pensar a política a partir do modelo das escolhas racionais, quando tais escolhas não se reformulam em vista das indeterminações dos procedimentos de implementação. Mas a crítica do pensamento da esquerda e da direita vai além dos propósitos deste artigo.

Em segundo lugar, fica claro que, muitas vezes, o poder legítimo não provém unicamente da deliberação real ou virtual, mas de um equilíbrio entre interesse e deliberação, de tal modo que o espaço da deliberação cresce quando diminui o poder de certos grupos e vice-versa. Mas nada justifica jogar para o limite essas tendências, quer considerando a política do ponto de vista normativo, como se, na sua essência, ela se resolvesse no processo deliberativo, quer reduzindo-a ao mero jogo de interesses, sendo que o discurso nada mais seria do que a expressão distorcida de interesses. Os enganos, a meu ver, nascem porque se considera um jogo de linguagem em que deliberação e interesse se complementam, como se funcionasse exclusivamente a partir de um de seus polos.

Se a política só vem a ser no jogo dessa oposição, convém ter presente que nunca poderá ser entendida se for pensada como se derivasse de uma estrutura normativa *a priori*, quer do travejamento da moral, quer das condições pragmáticas do discurso ou das condições necessárias para que se estabeleça uma sociedade justa e equitativa. Em contrapartida, pensá-la nesse jogo da deliberação e do interesse implica conferir-lhe uma regularidade que afeta o comportamento de seus agentes, mas igualmente rupturas inventivas ou destrutivas, cujas determinações possíveis têm nessas regularidades apenas o contexto de suas realizações. Essas determinações enquadram a ação sem causá-la, funcionam como os limites impostos pelo piano às músicas que nele serão tocadas. Desse modo, o jogo da política, vindo a ser conhecimento e arte, não possui um lado inventivo operando em suas zonas de indefinição, uma capacidade de pôr em xeque seus próprios fundamentos? Esse seu lado, além do mais, não escapa ao pensamento estritamente científico?

Finalmente, em terceiro lugar, convém notar que a aposta na democracia representativa – e não vejo como apostar na democracia direta nas condições atuais de complexidade do mundo contemporâneo – implica reconhecer o interesse de cada grupo representante na sua própria sobrevivência. Os representantes desapareceriam se não fossem mais do que vigários dos representados. No entanto, isso não torna urgente refinar as instituições capazes de regular suas liberdades? Não é graças ao reforço das instituições que a democracia pode crescer? Se todos os conflitos se resolvessem pelo diálogo, a política seria desnecessária.

9.2.2003

A negação da política

Não é à toa que se escreveram milhares de páginas a respeito da vitória do ator Arnold Schwarzenegger nas eleições para o governo do estado da Califórnia. No final das contas, esse fato não exemplifica de forma mais ostensiva um dos modos de fazer política numa sociedade do espetáculo? Nos dias de hoje, quase tudo o que é precisa aparecer como se estivesse sendo encenado, e a política, considerada desde os gregos uma das formas do aparecer, se converte num momento muito particular do grande palco em que se converteu a televisão mundial. Não é de menosprezar o fato de que o mundo nos aparece primeiramente como tudo aquilo que a televisão nos é capaz de dizer. O que é o *reality show* senão a demonstração de que até mesmo uma situação concreta e vivida pode ser apresentada como se fosse um momento de ficção?

O noticiário mostra ao vivo um atentado ou uma batida da polícia como se fossem janelas para o mundo, mas nenhum desses fatos teria sentido histórico-social se não fosse dito, comentado, filmado, enfim, traduzido pelas linguagens da mídia. E, dentre elas, não é a linguagem televisiva que tende a dar a pauta para todas as outras? Tudo se passa como se houvesse uma inversão na maneira pela qual a palavra se relaciona com seu significado referente, porquanto o fato somente ganha sentido social à medida que aparece como aquilo que a imagem mostra.

Bem sei que a linguagem configura o mundo, que as cores existem, por exemplo, como percepções diferenciadas, à medida que são ditas segundo uma escala, que pode ir da mais simples, como aquela que separa branco, preto e cinza, até as mais complexas, capazes de dizer os matizes mais sutis. Isso, no nível da lógica do sensível, pois essa questão fica aquém da linguagem e da prática científicas, que transformam as diferentes cores em diferentes comprimentos de onda. Mas o mundo, convertido no referente da imagem televisionada, tende a se apresentar mediante aquele travejamento determinado pelas técnicas e pela linguagem desse meio. Tudo se passa como se fosse forma de produção midiática. Mais do que uma sociedade do espetáculo, porém, não vivemos transpassando uma teia de imagens posta a serviço de determinados poderes globalizantes?

Não há dúvida de que esse imperialismo da imagem é contrabalançado por outros recursos de informação, pelo modo como nós mesmos percebemos e pensamos as coisas, pela diversidade do que é dito pelos outros meios, pelas contradições que eles nos mostram e assim por diante. Mas a televisão se tornou objeto tão familiar, tão presente nos momentos mais diversos de nossas vidas, que tende a dominar os modos reflexivos de nosso estar no mundo.

O Estado sempre procurou exercer, de forma mais rígida ou mais branda, o controle da opinião pública. Mas é sintomático que, salvo engano meu, tenham sido os militares os primeiros a compreender a necessidade de formatar sistematicamente a imagem da guerra. Não poderiam deixar a mídia, particularmente a televisão, trabalhar segundo suas leis próprias, seja determinando o evento segundo as condições e as potencialidades de seu meio específico, seja conformando a notícia para vir a ser boa mercadoria.

A guerra, transformada em espetáculo, desenrolando-se na sala de visita como se fosse um jogo, ainda conserva seu lado de horror e, assim, pode servir de base a movimentos pacifistas. Não foi o que aconteceu na Guerra do Vietnã? Depois dela ficou evidente a necessidade de se evitar a todo custo que a televisão mostre os horrores da "guerra limpa". O massacre da população civil poreja pela imagem composta. Daí o acordo entre o complexo militar e o Estado com as grandes cadeias de televisão, sempre carentes de grandes subsídios. Não foi possível montar a invasão do Iraque como se fosse narrativa épica? Em outras palavras, como ficção, desprovida de dimensão explicativa?

Os partidos políticos logo trataram de seguir por esses caminhos, associando-se aos monopólios da mídia já constituídos, comprando produtores e espaço na televisão, chafurdando-se no *marketing* político. É natural que, procurando novas aberturas, se interessem por aqueles que já possuem capital televisivo. Quantas vezes já tramaram fazer de Silvio Santos ou de outras figuras conhecidas candidatos ao governo do Estado e, até mesmo, à Presidência da República?

Esse processo é diferente do que acontece quando um profissional da mídia ingressa na política, pois, então, ele se prepara para o exercício do poder, fazendo alianças, configurando adversários e, sobretudo, aprendendo a negociar. O personagem televisivo, ao contrário, vem jejuno para a arte da política, principalmente porque suas alianças são eventuais, configurando-se no processo das eleições. Não se estabelece entre ele e o partido um jogo de má-fé, pelo qual um imagina servir-se do outro fora do travejamento propriamente partidário? O principal é ganhar as eleições. Depois, para governar, cada um imagina poder controlar o outro.

Ora, esse recurso de apelar para um ator fora do jogo partidário nega a política em dois planos. Em primeiro lugar, aumenta o grau de imprevisão do processo de governar, pois um amador ascende a uma posição de mando sem preparo para decidir sobre questões complexas, sendo, além do mais, incapaz de escolher auxiliares competentes. Em segundo lugar, e esse me parece o lado mais perigoso, o ator, transformado em líder, termina impondo à política um viés autoritário, negando o jogo entre aliados e adversários para dela fazer processo de concessão de autoridade para "salvar" o país.

Até que ponto esse recurso a um personagem configurado num meio diferente da própria política altera suas práticas? Ela sempre foi o lugar da palavra. Até mesmo na guerra, os generais costumavam arengar suas tropas. É bem verdade que as transmissões radiofônicas, ainda no domínio da palavra, passaram a fazer parte da vida cotidiana do político, e até mesmo presidentes da República costumam manter programas periódicos nos quais encenam um diálogo com a população. Mas o rádio compete em faixa própria, mantém com seu público certo grau de intimidade, tendendo, por isso, a ser regional. É sintomático que os radialistas em geral só logram chegar à condição de deputado federal. Se Anthony Garotinho veio do rádio, ele se configurou como político pelo jogo da própria política.

Somente a televisão, sobretudo nos períodos eleitorais, desenha a figura do político na sua plena generalidade; só ela faz de sua imagem algo mais denso do que sua própria pessoa. Desde os tempos da democracia ateniense, sabemos que a política está ligada a um balanço de aparências, o político se dirigindo à ágora mais para convencer do que para depurar a verdade. Nos momentos de crise, o poder podia ser delegado a um ditador, mas sempre com limites definidos e por tempo determinado. Que a história esteja pontuada de aventureiros que assumem o poder, conquistam o apoio do povo e governam a seu bel-prazer, é sabido de todos. Mas foi com o fascismo e com o nazismo, como observa Walter Benjamin, que a política foi estetizada, justamente para encobrir a violência que o totalitarismo foi capaz de desencadear.

A estetização contemporânea, entretanto, vai além. De um lado, porque é kitsch; de outro, porque transforma o líder num fantoche, fantasiado de santo salvador. É possível dizer tudo de Hitler e de Stálin – Mussolini é figura duvidosa –, menos que não eram personalidades carismáticas e poderosas, capazes de realizar, por conta própria, o mal que fizeram.

Que mal ou bem pode implementar Arnold Schwarzenegger? O da incúria, a neutralização do jogo político, isto é, dessa luta pelo poder que aos poucos desvendaria aspectos do real, mas que cada partido tenta agora enquadrar num único molde para conseguir transformá-lo a seu modo. Schwarzenegger condensa numa imagem toda essa diversidade, nega o jogo, vale dizer, a negociação paciente, a mudança de aspecto, o risco e as zonas de indefinição. A prática política é substituída por uma aparência de prática, embora sob essa aparência continue a velha luta partidária, agora truncada, porém, de suas relações com seus públicos diversos, tornando-se expressão única de um poder anônimo e sem rosto.

    À concentração da diversidade dos aspectos do jogo político num ator transformado em imagem corresponde o fortalecimento de um poder que nega a diversidade, pretende aparecer como o bem contra o mal. O ator Reagan somente se transformou em político depois de levantar a bandeira do bem contra o mal. Quando o ator-político se dirige a uma população indiscriminada, alinhavada numa figura imprecisa, graças à sua própria imagem, logra apenas o poder de juntar vontades configuradas, sem insuflar nessa multidão um projeto de futuro e de poder. Os grupos diferenciados se tornam neutros conforme se identificam a uma imagem neutra, pensada, porém, como se fosse dotada de poderes sobrenaturais. Estetização kitsch que, em vez de servir de véu de uma violência que se esconde, serve de pano de fundo para o exercício de um poder que não legitima o adversário. Poder total, mas virtualmente invisível, já que se exerce por um fantoche.

26.10.2003

O jogo da representação

Costuma-se afirmar que as formas da representação política se situam num contínuo entre a democracia direta, ou melhor, a ausência de representação, e os modos mais sofisticados pelos quais os eleitores transferem direitos, deveres e expectativas a determinados profissionais. Esta, porém, seria a melhor maneira de pensar a democracia representativa? Parte-se da ideia que, sendo a democracia, por definição, o regime político no qual cada cidadão participaria da elaboração das leis a que ele mesmo se submeterá, nada mais natural imaginar que a assembleia de todos os homens livres seria o paradigma do sistema democrático. Mas, assim, se considera a política a partir de um momento em que ela ainda não está inteiramente institucionalizada, o poder do representante emanando diretamente da vontade dos representados, sem que seu funcionamento seja tematizado.

Há um pressuposto obscuro nesse modo de pensar, pois o cidadão é, desde logo, tomado como ator cujas ações se reportariam ao núcleo autônomo do eu, originalmente desligado do outro. Marx o nega, retoma aquela ideia grega segundo a qual o ser humano seria antes de tudo ser social, vale dizer, vinculado por regras regendo a vida em sociedade; mas, levado por certo hegelianismo, termina colocando como ideal socialista a abolição da política graças à instalação de uma democracia social, como se a nova sociedade pudesse ser medida por uma amizade, uma *philia*, inteiramente transparente.

Não haveria, porém, outra maneira de negar esse novo postulado, mostrando como o indivíduo político possui um princípio de individuação próprio, diferente daquele que o faz individualidade social? Quando se pensa a democracia como se ela pudesse funcionar desprovida de processos de representação é porque se considera o indivíduo antes de tudo como "eu agente", *cogito* dotado de vontade, cuja atuação primeira independe do outro.

É sintomático que as invocações da democracia direta comecem a servir ao pensamento político a partir do momento em que se imagina a unidade política de um grupo na base de um contrato, isto é, junção de vontades individuais constituindo uma vontade geral, representada por um soberano decisório, que livre os indivíduos do medo, assegure a propriedade e assim por diante. A luta pela democracia se resume, então, ao menos no seu aspecto mais formal, ao esforço de colocar a entidade abstrata "povo" no lugar do monarca soberano idealizado. Mas essa noção de vontade sobreviveria às críticas que lhe fizeram filósofos como Nietzsche, Heidegger ou Wittgenstein?

Vale a pena tentar esboçar um resumo dessas críticas. O indivíduo nunca é agente autônomo reflexionante, pois não há expressão que o denote como tal. O pronome "eu" é muito diferente de um nome, pois, como nos ensinam os linguistas, é ele próprio uma instância do discurso, ato único e discreto no qual toda uma língua se atualiza. O pronome "eu" não denota fora daquele ângulo no qual um sujeito se individualiza, focando a linguagem sob um aspecto e atuando em vista de sistemas de ação já "preexistentes".

Quando digo "eu penso", estou enunciando que sou o indivíduo que enuncia a presente instância do discurso que contém a palavra "eu". A reflexão passa necessariamente pelos canais da linguagem. Obviamente essa dimensão de qualquer indivíduo falante altera a noção clássica de vontade. Ao querer uma maçã – visto que só a quero me exprimindo numa língua, ainda que virtualmente –, também quero tanto os meios que me levem a essa fruta quanto as leis que regulam sua produção e assim por diante.

O que significa "querer uma lei", particularmente as leis que os indivíduos precisam para viver em sociedade? Mais do que desejar uma fruta, pois, no nível mais elementar da relação pai e filho, esposo e mulher etc., esse querer já está imbricado em tudo aquilo que diz respeito à manutenção da lei. O que dizer das leis que regem relacionamentos indiretos? No fundo, querer a lei implica igualmente querer o curador da lei.

Note-se que essa dimensão escapava ao pensamento clássico na medida em que estabelecia uma continuidade entre formular uma lei e segui-la. Nunca, porém, estarei certo de que, ao seguir regra, outrem a siga como eu. A regra se torna a mesma enquanto os atos se juntam, mas se diferencia quando os resultados se tornam díspares. E, quando os seguidores não mais se entendem sobre a formulação da regra, um terceiro será chamado para dirimir as diferenças e impor uma única solução. Segue-se que a vontade não é um ato solitário, mas é, igualmente, querer manter um sistema normativo, mesmo que para reformá-lo.

Suponhamos crianças jogando futebol. Se pretenderem continuar jogando juntas, necessitam admitir uma forma qualquer de arbitragem que venha a dirimir um dissenso incontornável. A não ser que se pressuponha que todo dissenso possa ser superado na base da discussão e da deliberação. Mas essa superação das diferenças, mesmo que fosse posta no horizonte da discussão e da prática política, implicaria que as palavras tivessem sentidos paradigmáticos localizados num céu platônico. No fundo, estaríamos pressupondo uma linguagem adâmica e os mecanismos da razão clássica.

Ora, basta reconhecer que o querer da lei se entrelaça ao querer da curadoria da lei – é sintomático que o poder do soberano tenha sido comparado ao trabalho do pastor – para que o paradigma da democracia direta deixe de ter sentido. Para realizarem o contrato civil, os futuros cidadãos precisariam ainda contratar nova instância curadora, que, por sua vez, demandaria outra mais alta e assim por diante. Noutras palavras, não fariam contrato nenhum. Desse modo, não se pode deliberar e decidir sem que se pressuponha ao lado, já *instituído*, um poder regulador, o tribunal, que venha ajustar o comportamento coletivo quando se forma um dissenso factualmente irredutível. Que esse poder se reformule conforme sua eficácia nem é preciso mencionar. Mas importa essa dobra entre o querer a lei e o querer a arbitragem implícita no simples querer da lei.

O que estou querendo mostrar? Que mesmo quando se quer relações sociais como aquelas vigentes na chamada sociedade civil, essa vontade fica na dependência de outra vontade curadora que, por causa de suas contradições, há de desaguar no limite que hoje se chama sistema político. Desde que a soberania não resida num único monarca, desde que não se resuma na capacidade individual de decidir sobre questões de exceção, por fim, desde que há de nascer do próprio movimento dos representados e dos representantes, segue-se que qualquer escolha de um representante *político* implica atribuir-lhe uma identidade compatível com sua atuação nesses dois níveis.

Por isso a prática da política se resume num *jogo* em que o lado do representado e o lado do representante são mantidos soberanos graças à sustentação relativa de suas próprias regras. A escalada ao infinito da regra e do seu pastoreio se resolve, numa democracia representativa, naquele jogo do próprio sistema político que vem a ser capaz de legislar sobre si mesmo e controlar suas atividades, na medida em que ele é jogo e especifica suas funções nos três poderes: Legislativo, Executivo e Judiciário. Isso posto, como abolir o hiato entre a sociedade civil e a sociedade política? Essa distância só pode ser coberta por um Estado totalitário.

É graças a esse jogo que se explica a possibilidade de o representante votar uma lei a que *todos* os representados se furtariam se o pudessem. Não é o que acontece com os impostos? Consenso e dissenso andam juntos sem nunca se fundir. Por isso é que me preocupo com tendências, muito presentes na sociedade brasileira, de subordinar o sistema político às necessidades da sociedade civil, como se questões de direito e de liberdade fossem de somenos.

No limite, essa subordinação somente seria possível se o curador fosse o soberano absoluto, ainda que hoje em dia possa se chamar *partido*. O grau de democracia de uma sociedade não se mede apenas pela multiplicação das instâncias deliberativas, mas ainda, creio eu, pela autonomia relativa que assume o jogo político com suas regras e suas práticas, embora sempre careça de mudança, para melhor ou para pior.

10.10.2004

Política miúda

Tudo parece indicar que politicamente estamos amassando barro sem dar um passo adiante. Se os fundamentos econômicos são bons e a economia dá sinais de estar prestes a levantar voo, no entanto não se tomam as grandes decisões políticas necessárias para sustentar esse desenvolvimento. Elas são conhecidas de todos, o que me permite perguntar desde já por que não têm sido tomadas.

Qual é o motivo desse deficit político? A despeito de seus percalços, a democracia está bem instada no Brasil, com eleições periódicas, partidos reconhecidos etc. Haveria outras tarefas políticas que não estariam sendo cumpridas ou caberia à própria dinâmica interna de nossa economia superar o ritmo moderado de nosso crescimento, cujos efeitos medíocres sobre nossa escandalosa distribuição de renda se fazem sentir a todo momento? Em outras palavras, feita a transição para a democracia, a responsabilidade de nosso atraso caberia aos próprios agentes econômicos?

Não creio, como pensam alguns amigos, na irrelevância da política na fase atual do desenvolvimento capitalista, mas nem por isso desconheço o atual divórcio entre ela e a atividade econômica. Esse divórcio ocorre de maneira muito diferente entre nós e os países desenvolvidos. Embora o atual desempenho da democracia norte-americana não seja nada recomendável – principalmente no que concerne à defesa dos direitos individuais, aos procedimentos de representação e ao controle do império –, essas falhas não têm efeitos imediatos no desempenho da economia. Isso é impossível aqui e na maioria dos países emergentes, que, como sempre, precisamos ao mesmo tempo erguer instituições e sanar problemas que em geral aparecem quando elas já estão prontas.

Relativamente bem estruturada, a economia americana, em princípio, está a salvo dos erros e das atrocidades do governo Bush, quando não ganha com eles. Em contrapartida, as trapalhadas políticas de Lula, sua prática de passar ao longo das crises e de agir, antes de tudo, visando ao cultivo de sua própria imagem enfraquece o poder de decisão do Estado como um todo, abrindo espaço para políticas desconcentradas. Em suma, se do ponto de vista comparativo nossa democracia funciona mais ou menos como as outras, existe uma enorme diferença entre esse funcionamento num país desenvolvido e outro que precisa de boas políticas para se desenvolver. O que está faltando?

A democracia evolui junto com seu controle, a antidemocracia, como o denomina Pierre Rosanvallon, num livro que acaba de publicar, *La contre-démocratie – La politique à l'âge de la défiance*[1]. Numa época como a nossa – de risco, no dizer de Ulrich Beck, ou de desconfiança, naquele de Rosanvallon –, os procedimentos formais da democracia são cotidianamente controlados por poderes que dão conteúdo a essas formas, basicamente o poder de vigiar, de denunciar, de anotar. Embora os brasileiros sejam um dos povos mais desconfiados do planeta (somente 2,8% declaram que confiam

---

[1] Rosanvallon, Pierre. *La contre-démocratie – La politique à l'âge de la défiance*. Paris: Seuil, 2006.

geralmente nas pessoas, enquanto esse índice alcança 66,5% na Dinamarca), são fraquíssimas nossas instituições controladoras.

Por certo elas existem, como a Transparência Brasil e, particularmente agora, a rede de informação e de protesto que se tece na internet. Mas, em geral, é pequeno o peso político do terceiro setor, das organizações não governamentais, a despeito de seu bom tamanho. Parece-me que isso resulta de elas serem, antes de tudo, reivindicativas, lutarem por direitos e maior participação nos fundos públicos.

Sob esse aspecto, elas se infiltram na política sem desempenhar papel político ativo, sobretudo, sem estar controlando o procedimento democrático. No fundo, somente se tornariam políticas se gerissem o Estado negativamente, pelo lado avesso, impondo-se como força criadora de alternativa das medidas estatais propostas. Permanecem, pois, no nível da sociedade civil, tratando, primeiramente, de reivindicar direitos. E, assim, tendem a privilegiar a política a curto prazo, sempre beirando a politicagem.

Daí meu entusiasmo com a anticandidatura que um grupo de deputados suprapartidários lança para a presidência da Câmara. É uma reação que vem do próprio Congresso, que não se resume a declarações morais altissonantes, que não propõe uma reforma do sistema político em grande estilo, mas modestamente marca posição, recusa os acordos visando, sobretudo, à partilha do poder burocrático e topa até mesmo perder para se fazer ouvir.

Chegamos, dessa forma, a uma situação esdrúxula. Ganhar ou perder faz parte do jogo político. É inútil jogar quando faltam as condições de sucesso. Isto, porém, somente vale quando a própria atividade política está prenhe de uma legitimidade mínima, não mais quando essa atividade deixa de ser controlada por seu contrário. Ora, as incríveis malandragens da última legislatura afetaram a imagem do Congresso como um todo. Não creio que o cumprimento dos requisitos formais da eleição e da diplomação basta para compensar essa perda. A nova legitimidade somente pode nascer do próprio exercício das funções representativas. Isto se torna impossível quando não se sabe mais quem é quem, com a exceção, talvez, dos ladrões contumazes que foram eleitos.

Para jogar ao mar o peso dessa "herança maldita", a nova legislatura necessita mostrar a que vem, começar desde logo delimitando o terreno onde poderá exercer suas funções e demandar seus direitos. É hora de tomar posição, de deixar cair a máscara de funcionário do governo e de si próprio e passar a semear um novo campo, no qual a verdadeira política poderá ser jogada. Em vez da grande política, política miúda, mas política semeadora. Aliás, o mesmo esquema não poderia ser aplicado a outras esferas da política, como aquela que hoje desgraça a universidade?

14.1.2007

Por vias tortas

Faz pensar a entrevista que Armínio Fraga deu para o jornal *O Estado de S. Paulo*, em 28 de outubro de 2007. Alerta-nos para a revolução capitalista que está ocorrendo no Brasil, na medida em que a cadeia financeira se expande, o mercado de capitais se fortalece, facilitando os investimentos nas suas diversas etapas.

É surpreendente que essa reestruturação da economia, apontando para um período de crescimento sustentável, se faça junto à mais profunda desestruturação das instituições brasileiras. Basta observar a desmoralização da Câmara e do Senado, a guerra entre a polícia e o crime organizado, a farsa do ensino, principalmente o superior e assim por diante. E isso não se dá apenas no nível do Estado, porquanto as igrejas e as ONGs enfrentam problemas paralelos.

A crise, entretanto, não é meramente destrutiva, pois força algumas instituições a cumprir, em parte, a tarefa de outras. O melhor exemplo se dá no Poder Judiciário, que, embora não escapando da desmoralização geral, está tentando controlar as excrescências do sistema político, forçando uma reforma que não interessa aos outros poderes, além de procurar modernizar a legislação do mercado de trabalho etc. E não convém esquecer que o Poder Executivo abusa legislando a seu bel-prazer por meio de medidas provisórias, e não tendo pejo de transformar o dito mercado político num comércio de mercenários. É como se a rede das instituições passasse a funcionar no seu desbaratamento, uma tratando, quando pode, de corrigir as falhas das outras. Lembra o besouro, cujas partes não são propriamente adequadas para voar, mas termina voando, embora mal.

O que pode estar alimentando essa situação? Se isso acontece no mundo todo, parece-me que o lulismo lhe confere dimensões ainda mais alarmantes. É bom lembrar que este país nunca foi lá muito sério, como dizia o general De Gaulle, mas em toda minha vida, já longa, não me lembro de ter assistido a um circo tão desengonçado. É que o lulismo, formado por um grupo de políticos, sindicalistas e outros mais, assentado numa base eleitoral enorme e consistente, montou um fantástico estelionato ideológico e eleitoral, que lhe permite fazer agora o que antes acusava como alta traição ao país. Basta lembrar sua última campanha eleitoral, que teve entre seus motes o combate à privatização, para logo em seguida retomá-la "de uma forma nunca dantes ousada".

Desde os gregos, sabemos que a luta política é regida pela retórica, mas esta sempre se faz sob a aparência da verdade. Agora o discurso político vai além de qualquer pretensão de verdade. O que vale é a possível identificação do líder com seu eleitorado. Por certo esse fenômeno não é apenas brasileiro – basta observar o estado atual da política francesa –, mas não duvido que estejamos levando a palma nesse processo de enganação.

Essa dissolução das promessas afeta a economia, tanto do lado da corrupção deslavada como do lado da instabilidade jurídica, mas não a impede de seguir seu próprio rumo. Em particular, o lulismo vem ao seu auxílio quando joga por terra aqueles empecilhos ideológicos e institucionais que atrapalhavam um crescimento espontâneo do capitalismo. Não há dúvida de que essa aliança traz ganhos sociais consideráreis – contrabalançados por vantagens nunca vistas para o capital financeiro –, mas o extraordinário é que o governo como um todo atua destruindo aquelas ideologias de esquerda, tidas como os meios indispensáveis para alcançar um desenvolvimento justo e sustentável.

Sob esse aspecto, Lula enquadrou as esquerdas tradicionais, principalmente aquelas do PT: de um lado, elas continuam com o discurso usual, enquanto, de outro, fazem o que vem a ser no momento o mais adequado para o fortalecimento do governo. Exemplo curioso é como muitos ficaram encantados com um possível plebiscito para inviabilizar a estatização da Vale do Rio Doce, enquanto o governo começa a privatizar estradas e ferrovias e fala até mesmo na privatização de aeroportos.

A ironia da história fez com que o choque de capitalismo, já reclamado por Mário Covas, venha da parte do lulismo, que deveria ter herdado das esquerdas a luta contra as disfunções e perversidades do capital. Se a famosa carta aos brasileiros – escrita pouco antes do primeiro mandato e certidão de nascimento do lulismo – aponta para uma reconciliação com o "neoliberalismo", ela nunca sugeriu que fizesse do capital financeiro o êmbolo do desenvolvimento. Parece-me que isso acontece, em grande parte, pelo desfazimento das instituições brasileiras, que terminaram por neutralizar as travas ideológicas que emperravam o desenvolvimento capitalista. Nunca o capital internacional – aliás, passando por uma boa fase – teve tantas facilidades de operar no Brasil; nunca as atividades econômicas nacionais ficaram tão livres para operar, embora ainda carreguem os pesos da tributação elevada, da instabilidade jurídica e assim por diante.

Visto de um plano mais geral, o lulismo fecha um ciclo econômico que se esboça no governo Sarney, passa pelas peripécias do governo Collor de Mello, aprofunda-se com FHC e que agora se arredonda aos trancos e barrancos. Notável é que esse processo corre paralelo à transição do autoritarismo para a democracia. E, quando o ciclo econômico se arredonda, porém, é essa democracia que periga.

As oposições sempre imaginaram que as políticas econômicas lulistas chegariam a um impasse, já que o crescimento da economia não tem sido ancorado nos investimentos necessários à modernização de nossa infraestrutura. Desse modo, poderiam recuperar o poder no meio da crise. Não convém menosprezar os enormes obstáculos que ainda nos separam de um desenvolvimento sustentável, mas nada me parece hoje mais irrealista do que apostar no fracasso do lulismo. Ele tem mostrado surpreendente capacidade de se livrar de problemas e deixar que a sociedade os resolva, segundo seus próprios mecanismos. Além do mais, todo esse jogo foi revolucionado pelo crescimento da economia chinesa.

Mas nem tudo é azul em nossa democracia de massa. O perigo advém, creio, do embrutecimento da capacidade de julgar de grandes setores da população brasileira provado pelo desfazimento das instituições. Não imaginemos que nesta confusão generalizada o sistema político esteja em crise. Funciona aos trancos e barrancos, mas de modo cada vez menos democrático, pois, de um lado, se afoga na geleia geral, na qual não mais se desenham as diferenças e as alteridades; de outro, ao perder a preocupação pelos rumos do país, se afunda na procura do poder pelo poder. Sob esse aspecto, a dissolução das instituições tanto reclama por sua reformulação como disfarça uma doce tirania.

Parece-me, nessas circunstâncias, que a primeira tarefa das oposições consiste em lutar por uma reforma das instituições, inclusive delas próprias. No fundo, precisam dizer a que vêm. No entanto, é a reconstrução do Estado o desafio mais imediato. Todos sabemos que o Estado, tal como o conhecemos hoje, passa por uma crise de identidade: de um lado, termina sendo levado pelo fluxo de uma economia globalizada; de outro, se deteriora ao se infiltrar nos meandros da vida privada. Nessas condições, como pode contrabalançar a tendência inerente ao capital de criar riqueza criando pobreza, de expandir-se tecnologicamente aumentando a massa de desempregados? Como pode vir a ser social?

Não há fórmula para enfrentar tais desafios, mas não me parece que eles mesmos possam ser formulados em termos corretos sem um Estado pequeno e forte, sem dúvida associado a outros Estados. Não penso numa liga dos pobres que substituiria a forma de luta de classes do século XIX, mas na formação de grupos poderosos que poderão contrabalançar poderes adversos. Para isso, porém, precisam ser democráticos, pacíficos, livres, solidários e socialmente responsáveis. Diante da geleia das instituições, esta não é nossa primeira demanda política? Talvez a nossa última esperança?

4.11.2007

Índice remissivo

A

Abstracionismo 32
Adorno, Theodor 11, 194-8, 219-20, 227-8
Aïnouz, Karim 64, 66
Al Qaeda 100, 110
Albers, Anni 45-6
Albers, Josef 45-8
Almeida, Guido de 227
Almeida, Ronaldo de 131
Amistad (Spielberg) 170
Anarquismo 93, 96, 98, 100
Arendt, Hannah 129, 146-8
Argan, Giulio Carlo 76-7, 82-4, 86-7
Aristóteles 12, 155
Arquimedes 116
Arte e cidade (Argan) 83-4
Arte moderna (Argan) 76, 87

B

Bakunin, Michael 95-6
Banalização do mal 148
Bataille, George 39
Bauhaus 45-6
Beck, Ulrich 263
Benjamin, Walter 19, 254
Biblioteca Mário de Andrade 21
Biblioteca Municipal de São Paulo, *ver* **Biblioteca Mário de Andrade** 21
Bienal de São Paulo 49-51, 72
Bin Laden, Osama 103, 108, 110-1
Bioética 144
Blanqui, Louis Auguste 95
Bonaparte, Napoleão 126
Bortolozzo, Thiago 50, 52
Bosch, Jeronimus 39
Braque, Georges 188
Brassaï [Gyula Haláz] 63
Brillo **Box** (Warhol) 37
Buber, Martin 147
Bukhárin, Nikolai 128
Burtynsky, Edward 49
Bush, George W. 263

C

Cabanne, Pierre 38, 40
Cabet, Étienne 95
Caixa branca (Duchamp) 39
Caixa verde (Duchamp) 39
Candomblé 132-3
Capital, O (Marx) 95, 178
Caravaggio [Michelangelo Merisi] 71
Castro, Fidel 156

Catão maior ou da velhice
(Cícero) 172
Células-tronco 15, 142, 150, 153
Certa herança marxista
(Giannotti) 205, 217, 234
Ceticismo 193
Cézanne, Paul 21
Chang, Jung 125-6
Cícero 172
Cidadão Kane (Welles) 34
Cinema (Shekhovtsov) 53
Círculo de Viena 188
Clouzot, Henri-Georges 63
Coli, Jorge 45
Collège de France 181
Collor de Mello, Fernando 269
Comitê de ética 145
Comuna de Paris 95
Contrapoder 235-6
Contre-démocratie – La politique à l'âge de la défiance, La (Rosanvallon) 263
Covas, Mário 268
Crítica da razão dialética
(Sartre) 178

D
Da Vinci, Leonardo 28
Dandismo 65
Dans l'écart du réel (exposição) 77
Danto, Arthur 29
Danton, Georges Jacques 127
Darmaillacq, Dominique 181

De Chirico, Giorgio 77
De Gaulle, Charles 22, 267
Debord, Guy 19
Debrun, Michel 178
Delacroix, Eugène 22
Deleuze, Gilles 179, 230-1
Democracia 99, 110, 129, 242, 246, 249, 254, 256-7, 259-60, 262-3, 269
Derrida, Jacques 179
Descartes, René 59
Dialética do esclarecimento
(Adorno) 219, 227
Documenta 72
Duchamp, Marcel 35-40, 51
Durkheim, Émile 103

E
Eclipse da razão (Horkheimer) 219
Eichmann em Jerusalém (Arendt) 146
Eichmann, Otto Adolf 146, 148
Em busca do tempo perdido
(Proust) 182
Escola de Frankfurt 194, 223
Espinosa, Baruch 187
Estruturas elementares do parentesco (Lévi-Strauss) 182
ETA (movimento separatista) 110
Eu fui Vermeer (Wynne) 70

F
Fascismo 254
Febvre, Lucien 182

Fenomenologia 10, 24, 77, 80, 82, 84, 86-7, 177-8, 182, 185, 232
Fetiche 205-6, 215, 227
"Fetiche da razão" 11, 196, 219
Fontana, Lucio 34-5, 44
Foucault, Michel 154, 229-30
Fountain (Duchamp) 36
Fraga, Armínio 266
Francis, Paulo 67

G

Gaia ciência, A (Nietzsche) 151
Galilei, Galileu 116
Garotinho, Anthony 253
Genet, Jean 64-5
George V 52
Giannotti, José Arthur 9-11, 13, 15-6, 205, 234
Gide, André 97
Globalização 105, 112
Goethe, Johann Wolfgang von 185
Göring, Hermann Wilhelm, marechal 70
Gramsci, Antonio 194
Granger, Gilles Gaston 177
Gropius, Walter 45
Guattari, Félix 230
Guerra de Secessão 170
Guerra do Vietnã 106, 252
Gurion, Ben 146

H

Halliday, Jon 125-6
Hardt, Michael 231, 235, 237
Hegel, Georg Wilhelm Friedrich 42-3, 178, 196, 202, 204, 214, 233, 256
Heidegger, Martin 42, 177, 257
Hiroshima 149
Hitler, Adolf 70, 156, 254
Holocausto 149, 195
Homenagem ao quadrado (Albers) 45-7
Horkheimer, Max 195, 197-8, 219-20
Humanismo e terror (Merleau-Ponty) 128
Humano, demasiado humano (Nietzsche) 97
Husserl, Edmund 82, 177, 179

I

Ideologia alemã, A (Marx e Engels) 217
Igreja Mundial do Poder de Deus 131
Igreja Universal 132
Igreja Universal e seus demônios: um estudo etnográfico, A (Almeida) 131
Iluminismo 227
Imagem/imageado 23, 26, 32, 41, 57-8, 60, 62-3, 75-6
Imaginaire, L' (Sartre) 24
Imperialismo 229, 251
Império (Hardt e Negri) 231

In Advance of the Broken Arm
(Duchamp) 36
Institution – La passivité, L'
(Merleau-Ponty) 181
Intimidade 15, 80, 169, 171, 187, 253
Investigações filosóficas
(Wittgenstein) 12, 29
IRA – Exército Republicano
Irlandês 110
Iraque, invasão do 252

J

Jogo do belo e do feio, O
(Giannotti) 10, 48, 61
Judaísmo 148
Júlio II 56

K

Kandinsky, Wassily 32
Kant, Immanuel
9, 13, 42, 58, 155, 160

L

Lebrun, Gérard 97, 177
Lefort, Claude 181, 186
Lei Cidade Limpa 19
Lei de Biossegurança de 2005 142
Lênin, Vladimir Ilitch 126, 128, 156
Leon, Donna 159
Lévi-Strauss, Claude 182
Lippi, Filippino 22
Lula da Silva, Luiz Inácio
263, 268
Lulismo 267-9

M

Madame Satã (Aïnouz) 64
Madame Satã [João Francisco
dos Santos] 64-9
Mal radical 149
Malraux, André 22, 185
**Mani [Maniqueu], sacerdote
persa** 133-4
Maquiavel, Nicolau 129
Marx, Karl 9, 93, 95, 178, 194,
196-7, 201-3, 205-6, 210-1, 213-4,
217-8, 229, 256
Marxismo 10-1, 96, 98, 125,
178, 201-2, 218
Masaccio 22
Masp, *ver* **Museu de Arte de
São Paulo – Masp** 21, 72
Mazzolino, Ludovico 22
Mazzini, Giuseppe 95
McVeigh, Timothy 108
**Mello e Souza, Antonio Candido
de** 97-8
Menasé, Stéphanie 181
Merleau-Ponty, Maurice 128, 181-6
Michelangelo 22
Minima moralia (Adorno) 195
Mona Lisa (Leonardo Da Vinci) 27
Monroe, Marilyn 45
Montefiore, Simon Sebag
125-6, 128
Moore, Henry 61-2
Morandi, Giorgio 76-8, 80-1, 87
Morte no Teatro La Fenice
(Leon) 159

Museu Boijmans 71
Museu de Arte de São Paulo – Masp 21, 72
Museu de Arte Moderna de Paris 77
Museu de História Natural de Boston 52
Museu Guarnacci 23
Mussolini, Benito 254

N

Nazismo 45, 127-8, 146-7, 159, 254
Negri, Antonio 218, 231, 235, 237
Neoliberalismo 268
Newman, Barnett 62
Nietzsche, Friedrich 97, 150-1, 257
Norma, universalidade abstrata da 169
Norma positiva 165-7
Notre-Dame-des-Champs 22
Nu descendo a escada (Duchamp) 39
Número, expansão racional do conceito de 223
Nuremberg, julgamentos de 147

O

Ombra della sera (escultura etrusca) 23
Owen, Robert 95

P

Panofsky, Erwin 182
Paulo III 33
Paz, Octavio 36
Péricles 155
Perspectiva como forma simbólica (Panofsky) 182
Picabia, Francis 38, 77
Picasso, Pablo 62-3, 188
Pinacoteca de Nápoles 33
Pinacoteca do Estado de São Paulo 45, 47, 61-2
Pintura como arte, A (Wollheim) 60
Pirro 96
Pitágoras 55
Platão 12, 76
Pollock, Jackson 34
Prado Jr., Bento 177-9
Príncipe, O (Maquiavel) 129
Problema da incredulidade no século XVI, O (Febvre) 182
Proudhon, Pierre-Joseph 93, 95, 198
Proust, Marcel 182

R

Raça e história (Lévi-Strauss) 182
Racionalidade técnica 200, 224
Rafael 42
Ramos, Lázaro 66
Ramsés II 56

Ready made 10, 35-7, 61
Reagan, Ronald 255
Reality show 250
Rembrandt [Harmenszoon van Rijn] 42, 72
Renascimento 27, 38
Revolução de Outubro 127
Revolução Francesa 125, 156
Revolução Industrial 22
Ricardo, David 205
Robespierre, Maximilien 127, 156
Rodin, Auguste 72
Rodrigues Filho, Rubens 97
Rosanvallon, Pierre 263
Rumsfeld, Donald 107
Russell, Bertrand 189, 192

S
Saint-Just, Louis Antoine Léon de 156
Santos, João Francisco dos, *ver* Madame Satã 64-9
Santos, Silvio 252
Sarney, José 269
Sartre, Jean-Paul 24, 177-8
Saussure, Ferdinand 182
Schelling, Friedrich Wilhelm Joseph von 216
Schiavo, Terri 137-40
Schwarzenegger, Arnold 250, 254

Segunda Guerra Mundial 116, 129, 147
Sen, Amartya 202
Shaw, G. B. 98
Shekhovtsov, Sergey 53
Signes (Merleau-Ponty) 185
Sisley, Alfred 21
Socialismo 49, 91, 94-9, 198-9
Sociedade do espetáculo 19, 250-1
"Soul of Man Under Socialism, The" (Wilde) 97
Spielberg, Steven 170
Stálin, Josef 125-8, 156, 254
Stalinismo 128
Stirner, Max 194
Surrealismo 34, 37, 39

T
Tecnociência 115, 117, 119, 121-2, 200
Terrorismo 100, 103, 105, 111, 128, 149
Ticiano 33
Tractatus logico-philosophicus (Wittgenstein) 187-9, 191-2
Transparência Brasil 264
Três Gargantas, barragem das 49
Tsé-tung, Mao 125-6, 156

U
Uffizi, galeria dos 23

V

Vale do Rio Doce 268
Van Meegeren, Han 70-1
Variantes, Adobe (Albers) 46-7
Velásquez, Diego 20
Vermeer, Johannes 70-1
Veyne, Paul 148
Vista de Delft (Vermeer) 70
Volpi, Alfredo 47, 59

W

Warhol, Andy 37, 45
Webb, S. 98
Weber, Max 104, 197
Welles 34
Wilde, Oscar 65, 97-8
Wittgenstein, Ludwig 9, 12-3, 29, 47, 57, 77, 179, 187-9, 191-2, 257
Wollheim, Richard 60
World Trade Center 106
Wynne, Frank 70

Y

Yong Ping, Huang 52

Z

Zinóviev, Grigori 128

Este livro foi composto na fonte Albertina
e impresso em agosto de 2011 pela Corprint,
sobre papel chamois dunas bulk 90 g/m².